お母さん早く早く！と言わないで

子どもの「できる」を引き出す育て方

菅原裕子
Yuko Sugahara

PHP

はじめに

私は、親と子がともに「生きる力」を引き出すためのコミュニケーションのあり方を「ハートフルコミュニケーション」として提唱しています。これは、私が人材開発のコンサルタントとして仕事の中で学んできたことと、私自身の子育ての経験の中から生まれました。

娘が私のところに生まれてきてくれた時、私は大きな安堵感《あんど》とこのうえもない喜びに包まれていました。その三年前に長女を生後六カ月で亡くしていたからです。娘は、失意の中にいた私のところに生まれてきてくれたのです。ですから、この子を人一倍大切に育てようと心に決めました。

しかし、それと同時に、子どもを大切にしすぎてはいけないという思いもありました。長女を亡くしたことは、私の中でとても大きな恐れとなって残っていました。その恐れに支配されたまま、次女の子育てをすることで、私は次女を過保護に育てすぎてだめにしてしまうのではないか、という危険を感じていたのです。

大切に愛されて育てられなかった子どもは、人生に大きな問題を抱えることになります。同時に、愛されすぎた子どもたちは、人生で手に入れられるはずのより大きな果実を手に入れられません。

娘が生まれてまもなく、私の中には「ハートフルコミュニケーション」の原型となる考え方が形づくられていました。それは「愛すること、そして、愛しすぎないこと」です。娘はすくすく育ち、「ハートフルコミュニケーション」の考え方も、娘の成長とともに育ちました。そして、そのメッセージを「ハートフルコミュニケーション」という名前で世の中に伝え始めたのが、一九九五年ごろです。

そのメッセージとは、原型に忠実に、「愛すること」「責任」「人の役に立つ喜び」を子どもに教えようというものです。子どもの成長にともなって、親はコーチとして一定の距離を置いたところから、子どもの才能やその子らしさを引き出す。それが親の役割であると提案しています。キーワードは「子どもの自立」です。

ワークショップ（研究集会）や幼稚園、小中学校のPTA、地域の子育てサークルなどの講演で、多くの親たちが「ハートフルコミュニケーション」に出合いました。

そして、その提案を受け入れ、子どもの自立にとってよりよい親子関係の構築に取り組んでいます。

「コーチング」という言葉がありますが、これは、育てる側（親）が持っている答えを子どもに押しつけるのではなく、子どものその子らしさを尊重するコミュニケーションのあり方です。コーチングはスポーツの世界だけでなく、ビジネスの世界でも人材育成のコミュニケーション手法として受け入れられています。「ハートフルコミュニケーション」は、それを子育てにも応用しようとする試みです。

「ハートフルコミュニケーション」は、子育てを教えるものではありません。親のコーチとしてのあり方を教えるものです。親に、大人に、より自分を幸せにする、自分らしく生きるための術《すべ》を発見する場を提供します。親が自分らしく、幸せに生きていれば、子どもは自然に育ちます。「親」という環境が整っていれば、子どもは自然に育つのです。

究極のコーチングは、コーチが何もしないことだと私は思います。ですから、私は言います。

「子どもを愛してください。とにかくかわいがってください。しかし、余計な手出しはいりません。子どもの仕事（やるべきこと）は子どもに任せてください」
親は子どもの応援団長です。でも応援団長は、子どものゲームを代わりにプレーすることはできません。無条件に愛し、応援するだけです。この本が、その応援の仕方の参考になれば幸せです。

二〇〇四年一一月

菅原裕子

＊文中に出てくる名前は、すべて仮名であることをお断りしておきます。

お母さん「早く早く!」と言わないで

目次

第3章 「早くしなさい」と言わない子育て

第4章 「子育て地図」を持とう

第5章　その子らしさを育てる子育て

第6章

その子らしさを育てるコミュニケーション

装幀 小山比奈子
装画 小倉ともこ
本文イラスト 西垣千栄子

第1章

親の「ヘルプ」が子どもをだめにする

朝、起きない子ども

先日、「ハートフルコミュニケーション」の講演を聞き、ぜひ試してみたいと思い、六年生の息子に朝起こさないことを実践してみました。息子はいつも登校する一〇分前まで寝ていて、耳元に目覚まし時計を置いても鳴りっぱなしのまま寝ていました。布団をはいでトイレまで引きずっていくのが日常でした。朝ごはんも食べず、寝ぼけまなこで学校に行く息子に怒りまくって朝が始まる。そんな毎日だったんです。講演を聞いて、目からうろこがポロポロ落ちる感じでした。

息子は少年野球をしています。日曜に野球がある時は、五時でも六時でも自分で起きるのに、なぜ平日起きることができないのか、私は息子に聞いていなかったことに気づきました。すぐに息子に聞いたところ、

「野球の日、お母さんはお弁当をつくったりして忙しくて起こしてくれないの

で、自分で起きていた。でも学校のある日は必ず起こしてくれるから、起こしてくれるまで寝ていた」

と言うのです。反省しました。私が起きられないと思い込んでいたことで、起きられない子を育てちゃったんだなあと。息子に、「講演を聞いてお母さんもいろいろ考えた」とざっくばらんに話しました。そして、月曜からもう起こさないと話したところ、なんと息子が「最初からそうすればよかったのに。そしたらおれはちゃんと起きたのに……」と答えたのです。

すぐに担任の先生にお話しして実践しました。一週間はだめでした。九時まで寝ていた時は、また叩《たた》き起こそうかと思いましたが、がまんしました。一週間後、「かけた目覚まし時計の音が、ちゃんと聞こえるようになった」と言い、突然七時に起きるようになりました。自分で起きなきゃと思ったら、それまで聞こえなかった音が聞こえるようになったのですね。

それ以来、もう起こしていませんし、遅刻もしていません。朝ごはんもちゃんと食べるようになり、私も気持ちのいい朝を迎えられるようになりました。たった一週間でこんなに変わるとは、本当に驚きです。

いかに私が、子どもが自分でやろうとする意欲を摘み取っていたかに気づきました。ほかにも汚い部屋を自分で片づけたりし、少しずつ自立していく息子に、「今までごめんね」と素直に思えるようになりました。

……………………

これは、講演に参加してくださったお母さんからの、「ハートフルコミュニケーション」のホームページへの投稿です。子どもを起こすことで、毎朝ひと悶着《もんちゃく》ある家庭が少なくないようです。

私はいつも講演の際に、

「朝、お子さんを起こすお宅は？」

とたずねます。すると、平均で八割のお父さん、お母さんが手をあげます。多くの親たちが朝、子どもを起こしているのです。そこで次に、

「学校に遅刻しないように起きるのはだれの仕事ですか？」

と質問すると、みなさんが、

「子ども……」

とつぶやきます。

「では、なぜ子どもの仕事に手を出すのですか？」

とたずねると、クスクス笑ったり、真剣な顔で考え込んだりされます。

なぜ私たち親は、子どもが自分でしなければならない仕事に手を出すのでしょう。

多くの親はこう言います。

「起こさないと起きないから」

でもそれは本当ではありません。子どもは親が手を出さなければ、もっとたくさんのことができます。朝起きることも、自分の面倒を見ることも、自分の身の周りを片づけることも、そして、勉強もそうです。子どもはもっともっといろいろなことができるのに、実は親によってその能力の開発を邪魔されているのです。

前出の小学六年生の少年もそうでした。お母さんは、そうしないと彼が起きないと決め込んで、毎朝、彼を起こしていました。それによってお母さんは毎朝子どもに腹を立て、少年は腹を立てたお母さんに怒鳴られて、どちらも不快な一日を始めます。しかも、少年は朝食をとる時間もありません。それは本当に私たち親が求めている姿でしょうか。そうではないはずです。

では、なぜそんなことになってしまうのでしょうか。

「ヘルプ」と「サポート」

以前こんなテレビ番組を見たことがあります。何か問題を抱えた人が、専門家に相談し、専門家がその問題を解決するやり方を教えるという内容です。若いお母さんが、「（一歳半を過ぎたぐらいの）子どもが、なかなかごはんを食べずに困っています。なんとか平穏に食事をさせたいのですが、どうすれば食べてくれるかを知りたい」という内容の相談をしていました。

専門家はその家庭を訪問し、食事風景を眺めます。母親は、なんとか子どもにごはんを食べさせようと、スプーンに食べ物をのせて子どもの口元へ運びます。ところが、子どもは口を閉ざし、そっぽを向いてしまいます。何回やっても、同じことの繰り返し。食べてくれない子どもに、母親は困り果てます。そして、

「いつもこうなんです」

と専門家に訴えるのです。

その様子を見ていた専門家は、しばらく時間を置くと母親に、

「もう一度食べさせてみて」

と指示をします。ただし今度は、専門家の指示するやり方で。母親は同じようにスプーンに食べ物をのせ、子どもの口元へ運ぼうとしますが、専門家は、

「はいそこで止めて」

と声をかけます。子どもの口元まで届いていないスプーンは、子どもと母親の間の宙に静止します。しばらくすると、どうしたことか子どもの首が食べ物のほうに伸びて、ぱくりと子どもは食べ物を口にしました。驚いた母親がもう一度同じようにすると、今度も子どもはぱくりと食べてしまいます。何度やっても同じです。

あれほど食べなかった子が、どうして急に食べるようになったのか、母親は不思議でなりません。

「えー、どうして?」

と不思議がる母親に、専門家はこう説明しました。

「子どもはたとえおなかが空《す》いていても、食べ物を口元に持ってこられて、口の中

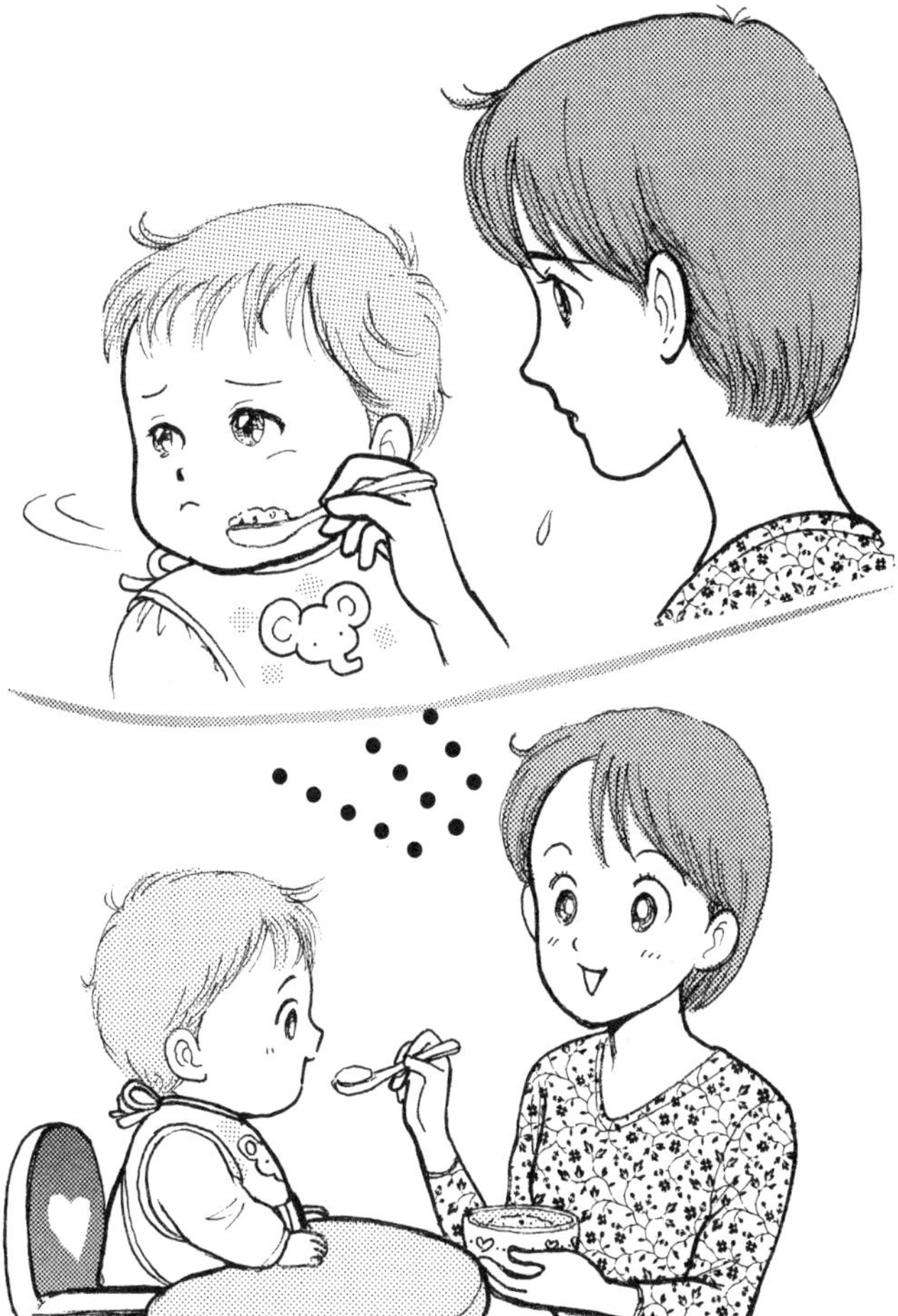

に押し込もうとされると、食べるのが嫌になってしまいます。それよりも、ちょっと距離を置いて、食べたいと自ら口を運んでくる位置に食べ物を運ぶことで、子どもは自分から食べる行動を起こすことができます。そして、その自分から起こす行動が、食べようとする意欲にもつながるのです」

これは子どもだけではなく、すべての人間に共通する心理だといえます。親切とはいえ、これでもかこれでもかとやられると、人はやる気を失ってしまいます。

生まれたばかりの赤ちゃんは、親の完全保護を必要としています。あらゆる世話をしてもらわなければ、生きていくことができません。赤ちゃんが生きていくためには、助けが必要なのです。そして赤ちゃんが必要としている助けをするのが親の仕事です。清潔を保ち、栄養を与え、いつも機嫌よく過ごせるように面倒を見る。それがいい親の条件でもあります。赤ちゃんの口元までスプーンを持っていく行為はこれにあたります。この行為を「ヘルプ」と呼びましょう。それは助ける行為です。できない人のために代わりにやってあげる行為です。

ところが、子どもの成長は速く、どんどん親の保護を必要としなくなっていきます。自分で移動し、自分の手で食べ物を口に運び、日に日に複雑なことをこなせるようになります。実は、子どものこのような身体的・精神的発達にともなって、親も世話の仕方や面倒の見方を変化させなければなりません。それは、できるようになってきた子どものやる気を引き出すやり方で、その行動を促し、「サポート」するやり方です。「ヘルプ」は、できない子どものために代わりにやってやり、「サポート」はできる子どもの行動を見守り、やる気を引き出すやり方です。

一歳半を過ぎたその子は、もう口元まで食べ物を運ばれる「ヘルプ」を好みませんでした。ところが、お母さんは今までと変わらず、親の仕事とばかりに食べ物を押しつけていたのです。

子どもは「ヘルプ」を必要としていない

本来、子どもは成長とともにどんどん親の「ヘルプ」を必要としなくなります。子どもを育てたことのある人であれば、一歳を過ぎた子どもが何でも自分でやりたがるのをよくご存じでしょう。できもしないことまで「自分でやる」と言い張り、親としては困ることもよくあります。

食べ物を口元に運んでも口を開かない子どものように、「ヘルプ」を必要としなくなった子どもは、それを拒否するサインを送ります。自分でできることは自分でやりたいのです。

ところが、親がそのサインをキャッチせずに、これまでと同じように自分のやり方を押しつけたらどうでしょう。子どものとる道は二つに一つです。親に反発し続けることで自分を主張するか、親のやり方を受け入れ、自分自身の意欲にふたをするかです。そのどちらも大きな犠牲を払うことになります。

子どもが親に反発し続けることで、親子はお互いの親密な関係を犠牲にします。子どもが自分の意欲にふたをした場合は、その子らしさを犠牲にすることになります。親密な関係を保ちながら、その子らしさを育てる方法があるにもかかわらず、その最良の道を選ばないことになってしまうのです。

もちろん、私たち親も、自分の子どものころを振り返ってみれば、多かれ少なかれそんな体験をしています。

親に何かを押しつけられたことはありませんか？

親の言うことを聞かなければならない体験はありませんでしたか？

それによって手痛い影響を受けている人もたくさんいますが、多くの人にとっては、だからといって、その後の人生がひどいものになったわけではありません。ですから、親に「ヘルプ」されたからといって、子どもの人生が台無しになるということは決してありません。ただ、本来のその子らしさを存分に開花させることができないということです。

子どもはだれでも「自分」を持っています。その「自分」に沿った育てられ方をしてもらうことで、その子は自分らしく生きることを学びます。そして、「自分らしさ」はその子の「できる」を引き出した時に表現されるのです。

その「自分らしさ」を大切にする育て方が、過剰な「ヘルプ」をやめ、本来できるはずのことを、子どもができるようになるよう「サポート」することです。

毎朝子どもを起こしていたお母さんは、子どもが自分で起きられるとは思いませんでした。子どもにしてみれば、自分が努力して起きる工夫をしなくても、お母さんが起こしてくれますから、こんな楽なことはありません。「この子はできない」と思っている親と、「できなくても親がやってくれる」と思っている子どもの組み合わせは完璧《かんぺき》です。

ところが、それでは自分でやろうとする意欲と努力を子どもから引き出すことはできません。

お母さんから、

「もう起こさない」

と言われて、その子は、

「自分でやる」

という自覚を持ちました。そして努力を始めました。そのプロセスで彼の「できる」が引き出されたのです。

お母さんが彼の「できる」を引き出そうとしなければ、この親子はずっと同じことを続けていたにちがいありません。その子は、朝自分で起きるという小さなことから得られる自信を持つことなく、親に「ヘルプ」される生活に甘んじていたのではないでしょうか。

子どもは親の「ヘルプ」を必要とはしていません。子どもに必要なのは、自分の「できる」を引き出してくれる親です。過剰な干渉をせずに、「できる」ことを信じて任せてくれる、「サポート」してくれる親なのです。

「できない子ども」を育ててしまう親心

「お子さんには、どんな人に育ってほしいですか？」

この質問にあなたはどう答えますか。その答えによって子どもの育て方が変わります。あなたの願いが、「いつまでも親に頼って、自分の面倒を自分で見ることのできない人に育てる」ということなら、なるべく子どもの仕事（やるべきこと）に手を出し、子どもが自分でやることを妨げ、「ヘルプ」したほうが効果的です。

しかし、もしあなたが子どもに、「自立した考えを持ち、人に言われなくても自分で行動できる人に育ってほしい」と願うなら、大きくなってからそうなるのを望むのではなく、幼い時からそうなるよう「サポート」していかなければなりません。

おそらく親は、例外なく、子どもに自立した人に育ってくれることを願っているでしょう。それなのになぜ、親たちは子どもの日常の仕事に干渉し、「できない子」として扱っているのでしょう。そこには親の役割についての誤解があります。「子どもの面倒を見ることが親の役割である」と思い込んだ親が、必ずしも必要でない面倒を見続けることで「できない子」に育ててしまうのです。

子どもをかわいいと思う親心でしょうか。かわいいのでなるべく守ってやりたい、失敗させたくない、痛い思いをさせたくないと干渉し、子どもの生活から危険なもの、未知のものを取り除こうとします。私の知り合いに、「お金が足りなくなるとかわいそうだから」と、はじめてのお使いに出かける幼稚園児に、消費税の説明をし、買い物の仕方をこと細かに指示した人がいました。その子は、買い物の最中でお金が足りなくなることに不安を感じ、最後まで買い物を続けることができませんでした。子どもに失敗させたくない、と必要以上の面倒を見た結果、子どもはいっそう臆病《おくびょう》になり、「できない自分」を体験することになったのです。

ただ、こんな時親は、自分の犯している間違いに気づいてはいません。うまくいかなかったのだから、この次はもっときちんと面倒を見なければならないと、気を引き締めます。朝起こしているのに、子どもが起きずに遅刻すると、「これではいけない」と、いっそう気合いを入れて子どもを起こすのです。うまくいかないと、ますます徹底して面倒を見てしまいます。そうなると当然のことながら、子どもは親に頼り、ますます自立から遠ざかってしまうのです。

子どもの未来の幸せを考えれば、できるかぎりの失敗を体験させなければならないのに、その反対をしてしまうおろかな親心です。今この瞬間の子どもの平和や満足を優先させ、未来の大きな果実を犠牲にしてしまうのです。そして、そのおろかな行為で親自身は、親としての役割を果たしていると思い込んで、充実感を得ているのです。ですから、本当にそれでいいかどうかを立ち止まって考えてみることがありません。

子どもの面倒を見るという親の仕事は重要です。特に、子どもが自分の力で生きることができない時期においては最重要です。ところが、その最重要な「ヘルプ」が、子どものサインを無視して与え続けられると、子どもの助けになるどころか、彼らの精神的・身体的発達の妨げになってしまうのです。

大切なのは「生きる力」

子どもの自立を促すというのは、子どもの中に「生きる力」を育てるということです。子どもは成長にともなって親から離れ、独自の世界へと入っていきます。そしてそこで、親との生活では体験できない、未知の体験を重ねていくのです。困難や挫折《ざせつ》にも出合うことになります。困難に出合ってそれを乗り越えた時、子どもの中に生きることへの自信が育ちます。挫折から立ち上がって次の行動を起こせた時、子どもの「生きる力」が育ちます。

ところが親と一緒に暮らす毎日の中で、困難を乗り越える力や、挫折から立ち上がる力を養われなかったらどうでしょう。子どもたちは困難の前に立ち尽くし、挫折してつぶれてしまうことになります。

幼い時は親がそばにいます。ですから、子どもの困難も助けてやることができます。

挫折を感じさせないでおくことも可能なのです。ところが、親の翼の中で暮らせる期間はわずか五、六年です。子どもはやがて、学校という一つの社会へと参加していきます。「学校で起こった問題はすべて学校のせいだ」と言うのは簡単です。ところが、いくら学校のせいにしても、解決しない問題もあるのです。学校で解決できるものに関しては、学校はその努力をしなければなりません。そして、そうでないものに関しては、親が子どもの中に「生きる力」を育てることで、子ども自身が問題を解決する力を身につけさせなければならないのです。

「啐啄《そったく》の機」という言葉があります。これは「逃してはならないよい時機」という意味です。『広辞苑』によると、「啐」は鶏の卵が孵化《ふか》しようとする時、殻の内で雛《ひな》が殻をつつく音です。「啄」は母鶏が外から殻をつつくことを言います。つまり、雛が外界へ出ようと合図する時に、母鶏がタイミングよく外から殻をつつくことで、雛は内側から殻を破り、無事誕生できることを意味しているのです。

殻の内で雛が殻をつつく音に母鶏が気づかなかったらどうでしょう。母鶏は雛が生まれる「サポート」の時機を逃してしまいます。また、雛の準備ができる前に、「早く早く！」とせかせて、母鶏が先に殻をつついたらどうでしょう。殻は壊れてしまって、卵自体がだめになってしまうかもしれません。

母鶏はがまん強く待ちます。卵を見守り、卵からの合図を読み取ります。そして、「今だ」という瞬間を逃さず、親の役割を果たすのです。

私たちの子育てもそうでありたいものです。親の都合で、親の思い通りに子どもを操ろうとするのではなく、子どもが本来持っている力を引き出すよう心がけなければなりません。朝起きなかった少年も、ごはんを食べなかった赤ちゃんも、親が適切に対応すれば、問題なく自分でできることをするのです。

私たち親が、今学ばなければならないのは、どうやって子どもが本来持っている力を引き出すかということです。それができれば、私たちは親としての役割を果たすことができます。

子育てから、このうえない満足と幸福を手に入れることもできるのです。

「生きる力」を育てるために

「ヘルプ」と「サポート」を区別して使い分ける子育てが、子どもの自立を促す基本であることをお伝えしてきました。このような話をすると、

「わかるわ。頭ではわかるけど、いざやるとなると、とても難しくて……」

とおっしゃる方がたくさんいます。「わかる」ことと「できる」ことは別で、わかっていても、その場になると「ヘルプ」している自分がいる。気がつくと、うまくいかないと知っているやり方をやってしまっている、というわけです。

すばらしいピアノ演奏を聴いて、弾き方を理解したとしても、すぐにそのような演奏ができるかというとそうはいきません。スポーツも料理も同じです。やってみて、失敗し、そこから学び、次はもっとうまくなろうとする。そうしているうちに、うまくなります。子どもとの接し方も同じです。コミュニケーションは学べる技術です。

繰り返し練習するうちに、いつか自分でも「よくできた」と思える対応ができるようになり、そんな自分に自信が持てるようになるのです。

自分自身をコントロールすることも同じです。その最初の一歩は、今自分がやっていること、自分の状態に気づくことです。「そんなことは知っている」と思いがちですが、実は、第三者が見るようには気づいてはいません。今の状態を客観的に見て、はっきりと評価することです。つまり、この状態は「良い」「悪い」とはっきり自分で評価します。「あまり好きじゃないけど、これしかないし……」などと中途半端にしている間は、変化は生まれません。

「ハートフルコミュニケーション」を学ばれて、お子さんへの日々の対応に大きな違いを生み出している長谷川さんの体験を紹介しましょう。

彼女の悩みの一つは、次男の勇太くんの気難しさでした。まもなく小学校に入学する勇太くんは、何かの拍子にへそを曲げると、突然周りと同調する行動を拒否し、周囲をてこずらせます。長谷川さんが「なんとかしたい」と思う一つの場面がありました。それは、買い物に出かけようとしている時に何か気に入らないことが起きると、突然同行を拒否し、家族をてこずらせることでした。ご主人が一緒だと、時間を気にするご主人は勇太くんを抱きかかえ、チャイルドシートに無理やりくくりつけます。しかし、勇太くんは車の中でしばらく泣き叫びます。

「ハートフルコミュニケーション」を学んだ彼女は、勇太くんを力ずくで動かすのではなく、彼に、自分の意思に従いながらも周りと調和できる行動がとれるようになってほしいと思い、努力を重ねました。そして彼女は、ほどなくその方法を発見します。それは、親が子どもに対して「どのように振舞うべきか」を押しつけるのではなく、親の「こうしてほしい」と、子どもの「こうしたい」を調和させるやり方です。

その場面でやることとは、親の都合や親のやりたいこと（買い物・お出かけ）に向かっての前進ではなく、その時の子どもの気持ちに共感し、その気持ちを受け取ることで、たいした時間もかけずに、勇太くんが機嫌よく自主的に動く方法です。長谷川さんがその方法を発見できたのは、彼女が「子どもへの対応を変えたい」と決意し、結果が出るまでやり続けたおかげでした。親が安易なやり方に走らず、ちょっと立ち止まって自分の心に寄り添ってくれた時、子どもの心は強くなります。その一つひとつの体験を通して、子どもは「生きる力」を育て、同時に親は、育てる喜びを感じることができるのです。その方法を、第2章以降でお伝えしましょう。

第2章

子どもに教える三つの価値観

しつけに気をつけて

最近の親はしつけが下手だといわれます。子どもをきちんとしつけることができていないといわれます。世の中で気になる事件が起きると、親たちは「うちの子は大丈夫か?」と、子どもに対するしつけを強化しようとします。ところが、しつけと称して行われることの中には、あまり効果のない、それどころか反対の効果しかないことがたくさんあります。

しつけは、親の子どもに対する、

「こうあるべきだ」

「こうあってほしい」

「こうでいてくれたら親は安心だ」

という思いを基準に行われます。つまり、子どもがどう感じるかよりも、親の都合を優先させているのです。親の都合が優先され、親の思い通りに動くことを求められる日々の中で、子どもは自分らしく生きることの心地よさではなく、人の意向に沿って生きることの難しさを学んでいきます。

自分らしく生きることの心地よさを知っている子どもは、人の心地よさも大切にできます。ところが、人の意向に沿って生きる難しさを学んでいる子どもは、人の気持ちを感じ取ることができず、自分の世界の中で孤独に生きることになります。

では、「親の意向に沿って生き方を学ぶのは、正しくないのか」というと、そうではありません。親はいくつもの大切なことを子どもに教えなければなりません。

「自分も人も大切にすること」

「人も自分も傷つけてはならないということ」

「自分の夢に向かって努力すること」

などなど、親が子どもに教えなくてはならないことがたくさんあるのです。ところが、これらのことはすべて、親の都合で行われることの多い日々のしつけでは、教えることはできません。

先日、講演に出かけた時のこと。講演が終わり、帰り支度をしている私のところに、一人の若いお母さんがやってきました。「長男が暴力を振るって困る」と言うのです。聞いてみると、幼稚園児の長男が二歳下の妹によく暴力を振るうとのこと。

「おもちゃを取られた」「遊びの邪魔をした」と言っては、妹を突き倒したり、つねったりして泣かせてしまいます。幼稚園でもほかの子どもたちに暴力を振るうことがあり、先生からも注意を受けているとのことです。

「それで、お母さんはどうしていますか？」

と聞くと、

「妹に暴力を振るった時は、暴力を振るわれる側の気持ちを理解させるために、私が息子を同じ目にあわせています」

とおっしゃいました。

「だって、そうしないとあの子にはわかりませんから」

と、お母さんはつけ足すように言いましたが、そう言いながら、そのお母さんはぽろぽろ涙をこぼしていました。お母さんは知っているのです。そのやり方がいけないことを。効果がないことを。でも、そのやり方しか知らない自分に歯がゆい思いをしているのです。

このお母さんが気づいているように、親がしつけと思ってやっていることの中には、しつけどころか、まったく逆のマイナス効果を生み出すことがたくさんあります。

また、別のお母さんは言います。

「私は、肉体的な暴力は振るいませんが、立ち止まってみると、私が子どもに言っていることは言葉の暴力ではないかと思います」

「いいかげんにしなさい！」

「お兄ちゃん（お姉ちゃん）のくせに……」

「何やっているの！」

「ハートフルコミュニケーション」は、「しつけをしないで」というメッセージから始まります。子どもに教える必要のある大切なことを教えることができたら、子どもは自然にしつけられるからです。

次節から、親が子どもに教える必要のある大切な三つの価値観についてお話ししましょう。

愛すること——親が子どもに教える価値観①

♪親子の関係をつくる

親として最も重要な仕事の一つは、子どもに「愛すること」を教えることです。そのためには、子どもが「自分は愛されている」という確信を持てるよう接することです。

スキンシップはその大切な一部です。触れ合うことで、子どもに肌で身近な親の存在を伝えることができます。そのためには、一緒にいることです。そしてもう一つ、一緒にいる時に肯定的な言葉がけをすることです。子どもの心を温かくする言葉は、子どもの心を育て、親との絆《きずな》をいっそう強めます。この親との心の絆が、子どもが育っていくうえで最も重要であると言っても過言ではないでしょう。

ところが、しつけと称して親がやっていることは、主に、子どもがやるべきなのにやっていないことを指摘し、それをやるよう命令することです。または、親がやってほしくないことをやっている時に、それを止め、親のやってほしいことをやらせることです。つまり、親の言うことを聞かせることです。ほとんどの場合は、子どものやっていることを否定することから始まります。

「何をやってるの！　やめなさい」

「何回言ったらわかるの！」

「どうしてそういうことするの！」

「『○○しなさい』って言ったでしょう！」

親はどんなにしつけのつもりでも、子どもは日に何度となく、自分のしていることがいかにだめかを指摘されます。行為がいかにだめかの指摘だけならまだしも、

「まったくあなたは……」

と自分自身まで否定されるような言葉を投げかけられると、子どもは日々の生活の中で、自分という存在がいかにだめな存在かを教えられるのです。

毎日毎日、自分の行動や自分自身を否定する言葉を吐く親を、子どもは好きでいられるでしょうか。ところが、ここに子どもにとっての大きな問題があります。どんな

にひどく否定されようと、子どもは親が好きなのです。子どもにとって親はかけがえのない存在です。いちばん愛されたいと願う対象なのです。その親から「愛されていないかもしれない」と思えるような言葉を投げかけられるのは、子どもにとっては耐えがたい苦痛です。嫌いになれれば問題はありません。でも子どもは、親が大好きなのです。ですから葛藤《かっとう》します。

親がしつけのつもりでやっている日々の言葉がけは、あまりしつけの効果がないだけではなく、子どもと親の間につくられるはずの温かい心の交流を妨げます。大好きなはずの親を素直に好きだと思えなくするのです。

親は、子どもを「いい子」に育てたいと願い、世の中から受け入れられる子どもに育てようとしつけているつもりです。それが、子どもにとって最も重要な親とのゆるぎない信頼関係の妨げになっているのです。親がしつけだと思ってやっていることは、子どもにとって最も重要な親との心の絆の形成を犠牲にする可能性が高いのです。

本当のしつけの基本は、親子の心の絆です。子どもが「自分は親に愛されている」と確信できていれば、親は子どもに生きるうえで大切なことを教えることができるのです。

今、親は、子どもとの関係を犠牲にせずに、子どもに「愛すること」を教えるやり方で、子どもを育てられることを学ばなければなりません。その第一歩は、子どもを抱きしめて、「大好きだよ」と言うことです。

♪子どもの自己肯定感を育てる

親子の関係をつくるうえで、親が子どもに「愛すること」を教えるのは重要ですが、同時にそれは、子ども個人の生き方を大きく左右することでもあります。親に愛されていることを知った子どもは、自分自身の中に「自己肯定感」を育てることができます。自己肯定感とは、自分を肯定する気持ち、つまり、自分の存在をよしとし、「自分はここにいていい人間なんだ」と感じられる気持ちです。

自己肯定感は人間が生きていくうえで最も重要な感情です。命と直結する感情です。「自分はここにいてもいい人間、ここにいる意味のある人間だ」と感じる時、人は生きようとします。そして、自己肯定感が高いほど、生きていることに楽しみを見つけようとします。幸福感が高く、そのままの自分が好きで、自分でいることがうれしいと思えます。

また、自己肯定感の高い人は、困難に出合っても、それを乗り越えて前進する力を持っています。自分を肯定しているから、「今は大変でも自分は大丈夫だ」と思えるのです。

反対に自己肯定感が低いと、生きることに意味を見出《みいだ》せません。ここにこうしていることが、意味のないことのように思えて、「自己否定感」に包まれます。自分を肯定できないでいると、周りにどんな楽しいことが起こっていようと、自分自身は楽しめません。今あることに楽しさを見つけ出せないと、生きづらい日々を送ることになるのです。自分の中に肯定感が見つけられないと、外にそれを求めます。「だれかが与えてくれるのではないか」「何かが与えてくれるのではないか」と外に求めるのです。ところが、外から与えられる楽しさは永続的ではありません。お祭りが終わると、また次のお祭りを求めて心はさまよいます。

人は、親から愛されることによって自己肯定感を学びます。子どもが最も必要としているのがそれなのです。親から愛されることで、自分が愛される存在であることを学ぶのです。つまり、親が子どもの幸せを望むのであれば、最初にやらなければならないのは、しつけることではなく「愛すること」なのです。

ところが、親はこう言います。

「愛しているから、一所懸命しつけているのだ」

「子どものためを思うからこそ、言うのだ」

それは本当でしょう。でも、それが愛だということが子どもに伝わらなければ、それは単なる押しつけにほかなりません。


自らが自己肯定感の高い親は、それを子どもに受け継がせる工夫が必要です。逆に、自分は自己肯定感が低い、あまり自分のことが好きではないと感じる親は、子どもに教える時が、自分も学ぶ時です。親自身が子ども時代に教えてもらえなかった自己肯定感を、自分の子どもに教える中で身につけることができるのです。そういう意味では、子どもは親に与えられたご褒美であるといえるかもしれません。親に教えてもらえなかったことを子どもに教えることで、もう一度学び直せるからです。

♪自己肯定感を育てるために

人は自分の感覚のフィルターを通して世の中を見ます。自己肯定感の高い人は、「自分は愛されている」と感じていますから、世の中を「愛」のフィルターを通して見ます。そして、その結果として、その人は世の中がいかに自分を愛してくれているかを見つけます。

反対に自己肯定感の低い人は、自己否定のフィルターを通して世の中を見て、自分の自己否定の強さを確認します。「ほら、やっぱりだめなんだ」と、ことあるごとに自分がだめである証拠を見つけるのです。

周りで起こっていることは同じなのに、自分をどうとらえているかによって、見えるものが異なるのです。

子どもの自己肯定感を育てるためには、

「何がだめか」

「何ができていないか」

「何をすべきか」

を言うのではなく、

「何がよかったか」

「何ができたか」

を伝え、

「どうしたいか」

を聞いてやることです。

友だちとうまく遊べなくてイライラしている子どもに、

「あなたが自分勝手なこと、したんじゃないの。仲良くしようとしなきゃ、だめじゃない」

「うちへ帰ってきてからそんなこと言ってないで、ちゃんとお友だちに自分の言いたいことを言いなさい」

と叱咤《しった》激励しても、子どもは元気にはなりません。

「そう、けんかしちゃったんだ。公園ではずいぶん楽しそうにしてたじゃない」

「明日はどうするの?」

と子どもの気持ちに寄り添って、子どもの話に耳を傾けます。聞いてもらった時、子どもは心のモヤモヤを晴らすことができます。

よくある光景です。子どもが、忙しく働く親に声をかけると、

「ごめん、今ちょっと忙しいの、あとにして。それよりもあなた、先に宿題しちゃいなさい」

という返事。繰り返しこんな体験をした子どもは、「あと」がないことを知っています。「あと」になると親はまた忙しくなり、自分の話なんか聞いてもらえません。子どもの心には、モヤモヤが少しずつたまっていきます。

ほんのちょっとでいいのです。手を止めて、子どもの目を見て、

「どうしたの？」

と耳を傾けてやるだけで。たいした話がなくても、子どもの心は落ち着きます。そして、親が忙しい手を止めて、自分の話を聞いてくれた時、子どもは自分が親にとって貴重な存在であることを知るのです。自分がこのうえなく愛する親が、同じように自分を大切に思ってくれていることを確認できるのです。これほど子どもの心を満たすものはありません。そんな時、子どもの中に自己肯定感が育ちます。

また、子どもの中にすばらしさを見つけるのも大切なことです。私の友人に、とても自己肯定感の高い女性がいます。どんな時も前向きです。生きるか死ぬかの病気をした時も、

「自分は大丈夫。目標は生き残ることではなく、一日も早く退院すること」

と逆に主治医を励まし、退院日の目標を立てたほどです。その女性がいつか話して

くれたことがありました。

子どものころ、彼女の母親が、

「食べ物があると自分一人では食べず、必ず人と分け合うところがすばらしいね」

と言ってくれたと。それを言ってくれた時の母親の誇らしげな姿が、それから何十年と経《た》った今でも、彼女の中に生き生きとよみがえってくるそうです。

責任――親が子どもに教える価値観②

♪生きる枠組みを学ばせる

自己肯定感は、「存在することそのものへの自信」を生み出します。そしてもう一つ私たちが充実を感じるのは、「何かができる自信」を感じた時です。「何かができる自信」は、本人が具体的に行動して身につくものですが、親はその基礎となるものをつくってやることができます。

それは、子どもに「自分のしたことの当然の結果」を体験させることから始まります。親と一緒にいることの長い幼少時代に、「自分のしたことの当然の結果」を体験した子どもは、その後親から離れていく思春期に入っても、いろいろなことにチャレンジして、自分らしい自信を積み上げていきます。

先日、山本さんという女性と話していた時のことです。彼女は、「自分のしたことの当然の結果」を母親から教えられたことに感謝していると話してくれました。

山本さんが小学校の低学年のころ、彼女の周りで「ちょっと万引き」がはやっていたそうです。文房具屋さんで消しゴム一個、鉛筆一本と小さな万引きをするのです。彼女はスリルがあっておもしろいと感じました。悪いことだという認識もないまま、彼女はいくつかの万引きをします。しかし、やがてそれは母親の知るところとなります。

お小遣いも与えていない娘が、新しい文房具を持っていることに気づいた母親は、彼女にたずねました。そして、万引きしたことを白状した彼女に母親はこう言ったそうです。

「盗んだ文房具を持ってお店を一軒一軒回り、盗んだことを謝って返してきなさい」

山本さんは母親の言う通り、一軒一軒を回ったそうです。母親は彼女のあとについてきてはくれましたが、お店に一緒に入ってはくれなかったそうです。彼女が回るお店一軒一軒の外で待っていたのです。お店の人の反応はまちまちで、すごい剣幕で怒る人もいたし、「正直に言ってきて、えらいね」と反対にほめてくれた人もいたそうです。

彼女はお店を回るうちに、どんなに小さな物でも、物を盗むことは悪いことだということがわかったといいます。そして、自分の過ちを正直に認め、謝ると許してくれる人もいるということを学んだそうです。

山本さんは言います。

「私の母はえらいと思う。『もうやっちゃだめよ』とただ怒って、うやむやにすることもできたのに、それをしなかった」

娘が一軒一軒回るのを後ろからついて行ったお母さんの思いは、どうだったでしょう。彼女のお母さんは娘に、「自分のしたことの当然の結果」を体験させたのです。それは、いけないことをした娘をお母さんが叱《しか》ったり、お母さんが子どもに代わって謝るより、子どもにとってははるかに貴い学びの体験です。

第1章の冒頭で紹介した、朝起きられなかった少年の場合も同じです。朝起こさないと遅刻してしまうからと、お母さんが毎朝、起こしていました。でもお母さんは気づきました。朝起きないという原因の結果を、本人に体験させていないことを。

そこで、お母さんは「起こさない宣言」をし、自分で起きないとどうなるかを子どもも自身に体験させたのです。自分で起きるようになるまでの一週間は、親子ともに大変だったでしょう。お母さんは遅刻する息子を見ては、「自分は間違ったことをして

ファイル
ファイル
NOTE
NOTE
NOTE

いるのではないか」と思ったはずです。そして、息子のほうは、遅刻体験を重ね、居心地の悪い思いをしたはずです。しかし、だからこそ「これではいけない」と思ったのでしょう。彼の意識が目覚めたのです。一週間経った時、彼は自分で起きるようになりました。

子どものやるべきことを子どもに任せましょう。そして、子どもがやるべきでないことをやった時は、その結果を体験させることです。親が子どもの身代わりになったり、子どもをかばったりするのではなく、子どもがすべきことを子どもにさせるのです。それは、生きるということの枠組みを教えることでもあります。自分のやったことの結果が、自分に戻ってくることを教えるということです。

♪人生は「自分しだい」であることを教える

朝起きるようになった少年は、自分で時間通りに起きるようになったことで、朝から母親に怒られることも、遅刻することもなく、気持ちよく始まる毎日を手に入れました。「遅刻しないように自分で起きる」というように自分で行動（原因）を変えることで、彼の一日は快適になり、自分の望む結果を手に入れたのです。

このように自分の行動（原因）の結果を自ら体験し、その体験を評価することはとても大切です。つまり、早く起きずに遅刻して、不快な体験をし、遅刻は嫌だと思うことです。結果を嫌だと思えば、人はその結果を変えようとします。そのためには、原因を変える必要があります。少年は原因を変えました。間に合う時間に自分で起きるようになったのです。すると、毎日が快適です。しかもその快適さは、自分自身で手に入れたものです。親から与えられたものではありません。これこそが「責任」です。「責任」の本質は、自分が望む快適さを自分の手でつくることです。

乳幼児期における自己肯定感の形成は、親に愛されるかどうかがカギでした。しかし、子どもは大きくなるにつれて、自分自身の手で自己肯定感を育てるようになります。自分で育てる自己肯定感は、親によって与えられる存在そのものに対する肯定感と異なり、「何かができる」と感じる肯定感です。つまり、自分が満足できない時は、原因を変えることでその結果を変えられるという自信です。

この体験を積み重ねてきた子どもは、人生は「自分しだい」であることを知っています。今の状態が気に入らなければ、原因を変える努力をすれば結果を変えられるということを知っているからです。ところが、その原因を自ら変えるという体験をしてこなかった子どもはどうでしょうか。彼らは被害者です。

講演などで、私はよくこう質問します。

「朝、親に起こされているのに遅刻した子どもは、なんて言いますか?」

親たちはその答えをよく知っています。子どもはこう言うのです。

「お母さんが早く起こしてくれなかったから」

「起こしてやらないと、子どもが遅刻するからかわいそう」という親心が、被害者を生みます。被害者は、人生が自分しだいであることを知りません。何かおもしろくないことが起こっても、それはだれかのせいで、自分が行動することでその状態を変えられるとは思いつきません。「だれかのせい」とはいっても、そのだれかを変えることはできません。「お母さんのせい」といっても、「お父さんのせい」といっても、「友だちのせい」といっても、そのだれをも変えることはできません。

ですから、被害者は無力です。起こったことの影響下にあって、ただ不満を感じるだけなのです。これが「ヘルプ」する親切な親が犯しがちな間違いです。子どもを愛するあまり、子どもを守り、先回りしてすべての段取りをすることで、自分で対応する力を子どもから奪ってしまうのです。

子どもに彼ら自身の人生を任せましょう。うまくいかないことで子どもが傷つくのを恐れないことです。親に愛されていることを知っている子どもの心は、親が耳を傾けてくれるだけで十分癒《いや》されます。その癒しによって、子どもの心に「耐性」が育ちます。うまくいかない時もじっと耐えて、うまくいかせようとする力です。

♪うまくいく生活習慣を学ばせる

「責任」を教えるための工夫は、日常生活の中にたくさんあります。その一つは、子どもとの約束事をきちんと守ることです。

家庭内にはさまざまな約束事があります。その約束事をルールとし、親は子どもがそれに従って行動するよう「サポート」します。ルールとして約束する時は、一方的に押しつけるのではなく、その理由を理解させる話し合いを持つよう心がけましょう。

具体的な例をいくつかあげてみましょう。

①おやつは決まった時間にだけ食べるようにしたいと思ったら

「四時を過ぎたから、もうおやつは食べないようにしようね」

「でも、どうしても食べたいの」

「そう。お母さんはあなたにお夕飯をおいしく食べてほしいの。そのためには、おなかを空《す》かしておくのがいちばんいいのよ」

「でも、今食べたい。お夕飯もおいしく食べるから」

「そうね。じゃあ、こうしよう。今がまんしてお夕飯をおいしく食べたら、デザートで食べようよ」

お母さんとの約束が守れたら、家族みんなと一緒にデザートを楽しめますが、もし守れなかったら、みんながデザートを食べていても、この子はもらえません。
②ゲーム機を欲しがったら
「ねえ、お誕生日のプレゼントはゲーム機が欲しいなあ」

「ゲーム機？ うーん、どうだろう。お父さんはちょっと心配なことがあるな」

「何？」

「うん、ゲーム機があると夢中になって、そればっかりやるんじゃないかって」

「どうしていけないの？」

「目にもよくないし、最近は脳にもよくないって言われているよ」

「長くやらなきゃいいんでしょ。一日何分って時間を決めてやるから」

「自分で管理できるかい？」

「できる。ちゃんとやるから」

「どうやって管理するの？」

管理の仕方を相談して、もしうまくいかなかったら、自分で管理できるようになるまで、ゲームはしないと約束するのもいいでしょう。うまくいかない時は、親が力で取り上げるのではなく、大切な約束を守るためには、管理できるようになるのを待つしかないと話し合います。つまり、「約束を守れなかった当然の結果」を子どもに体験させるわけです。


これらの会話で簡単に納得するとはかぎりませんが、このような会話を繰り返すことで、親の考えていることが伝わります。親が大切に思っていることについて、親と向き合って話し合う機会が多い子どもは、親の価値観を身につけるのです。

ところが、親が考え方や価値観を伝えずに、ただ「それはだめ」と禁止の結論のみを出した時は、「責任」を学ぶまでには至りません。子どもの中に不満や、理解されなかったという悔しさが残るだけです。一つひとつについて話し合う機会を設けることで、子どもはうまくいく生活習慣を身につけることができるのです。

人の役に立つ喜び――親が子どもに教える価値観③

♪「人の役に立つ喜び」を教える

親が子どもに教えるべき価値観の三つ目は、「人の役に立つ喜び」です。「人の役に立つ喜び」を知っている子どもは、社会的なマナーをあらためて教えられるまでもなく、基本的なマナーを実行することができます。困っている人を助けるとか、お年寄りに席を譲るということは、ごく当たり前のことなのです。

小さいころから何かと親に用を頼まれて、手伝うと親が喜んでくれるという体験を繰り返してきた子どもにとっては、周りの人々は自分が役に立つことができる対象なのです。そんな子どもたちは親切です。人に援助の手を差し伸べるのを恥ずかしがったりしません。

三人のお子さんを持つお母さんから、

「小学六年生の長男が家事に非協力的で、まったくお手伝いをしません。どうしたらいいんでしょう？」

と相談を受けました。

「下の娘二人は、それなりにやってくれるのですが、お兄ちゃんがやらないのでどうもしめしがつかないんです」

ということでした。そこでいくつかの質問をしてみました。一緒に答えてみてください。

①「子どものお手伝いをどのように思いますか？」

「子どもは親の手伝いをするのが当たり前」と思っていませんか。実は私もそう思っています。家族はみんなで家事を分担するのがいいと思います。必ずしも担当を決める必要はなくても、手の空いている人が家事の中心である人を手伝うのは自然です。でもそれを「やって当たり前」という態度で接したらどうでしょう。主に家事の中心はお母さんですが、お母さん自身も、「家事をやるのはお母さんの仕事。やって当然」と思われるのはうれしくないはずです。

お手伝いを求められる子どもも、同じです。「やって当然」という態度で言われたら、やりたくなくなるのは仕方のないことではないでしょうか。

②「子どもにどのようにお手伝いを求めますか？」

お手伝いを頼む時、どのようにお願いしていますか。このお母さんに、最近、長男に用を頼んだ時のことをそのまま思い出していただき、そのままの言葉を言っていただきました。それはこういう言葉でした。

「ほら、だらだら寝転がってないで、洗濯物取り込んでよ。お母さん、買い物に行かなきゃいけないの。早く！」

これでは、「やってあげたい」という気分になりません。どうやらお母さんは、寝転がっている息子に腹を立てた状態で、用を頼んだようです。

例えば、こんなふうに頼んでみればどうでしょう。

「休んでいるところ申しわけないけど、用を頼んでもいい？」

「えっ、何？」

「お母さん、買い物に行ってくるから、その間に洗濯物を取り込んでおいてほしいの。頼んでもいいかしら？」

こんなふうに、ちょっと言い方を変えてみるだけで、子どもは引き受けやすくなります。

③「子どもが手伝ってくれた時、何と言いますか？」

「ちゃんとやったのね。えらい、えらい」

なんて言っていませんか。これでは、子どもがせっかく役に立ってくれたのが台無しです。子どもをほめてはいけません。親の役に立ってくれた時は、高い位置からほめるのではなく、子どもと同じ位置に立って、

「ありがとう」

と感謝してください。

「助かったわ。うれしい」

と気持ちを伝えるのもいいでしょう。

自分が愛してやまない親から、「ありがとう」と言われる喜び、親を「助けた」という感動は、子どもの心に心地よく響きます。

♪「いい子」ではなく「役に立つ子」を育てる

親が「いい子」を育てようとする時、そこには親のはっきりとした理想があります。

親の理想の「いい子」がいて、その理想像に子どもが沿うよう求めます。そして、理想通りの振舞いをし、結果を出せば、

「いい子ね」

と評価します。「いい子」でいることを求められて育った子は、人づきあいに苦しみます。一〇人いれば一〇人とも「いい子」の基準が異なるからです。その一人ひとりに合わせた「いい子」でいるのは大変です。不可能です。その一〇人がいっせいにやってきたらどうしましょう。もうパニックです。

川崎さんというとても「いい子」がいました。もう三〇歳を過ぎようとする彼女は、いつも緊張していて、何事もうまくやろうと努力していました。

ところが、彼女のそばにいると、その緊張感が伝わってきて苦しくなるため、周りの人は彼女に気軽に寄りつけないのです。本人も緊張が高まるのを恐れて、ちょっと人から離れて一人でいることが多かったようです。

しばらく姿を見なかった川崎さんが久しぶりに現れた時、その場にいたすべての人が彼女の変化に気づきました。なんと彼女は、笑顔で近づいてきて自分のほうから、

「ご無沙汰《ぶさた》しております」

とあいさつしたのです。

「本当に久しぶりね。何かいいことあった？」

と思わず聞いたほどです。彼女はにっこり笑って言いました。

「私、『いい子』でいることをやめたんです。そしたら、自分がこんな『いい子』だってはじめてわかって……」

ずっと気になっていたお父さんとの関係がよくなったようでした。

私たちは常に人とともに生きています。そのすべての場面で、相手に気に入られるよう生きていくのは、大変つらいことです。ところが、親との関係のカギが、「気に入られること」であると、それがその人の人間関係の原点になります。ですから、だれと一緒にいようと、気に入られる努力が必要なのです。

「いい子」に育てるより、「役に立つ子」に育ててください。そのためには、なるべく幼い時から、親の役に立ってもらうことです。

幼い子どもはたいていお手伝いをしたがります。親としては、お手伝いをしてもらわないほうが楽ですから、できればやってほしくないと思います。でも、そのやりたがりの時期こそ、子どもに役に立つ喜びを教えるいいチャンスなのです。

「いいのよ、邪魔だからあっちへ行ってなさい」

「余計なことしなくていいの」

などと邪魔者扱いしていては、子どもは自分が役に立つ存在であることを学べません。それでは、ちょっと大きくなって、いよいよ役に立てるような時期がきても、もう遅すぎます。子どもは喜んで手伝ってはくれません。

子どもに用を頼んだら、「何くれるの？」と言われて腹を立てたお母さんがいました。

「『何かもらわないと、手伝うのは損だ』って言われた」

と怒っています。それで、

「どうしたの？」

と聞くと、

「じゃあ、もうマンガの本は買ってやらない」

と脅して手伝わせているそうです。物を与えられないと動かない子どもと、「物を与えないぞ」と脅して子どもを動かす親。それしか選択肢がないとしたら、ちょっと悲しくありませんか。

ほんのちょっとの手間です。子どもの「役に立ちたい」という思いを満たしてやってください。子どもが大きくなった時、そのちょっとの手間に大きな利子がついて返ってきます。

♪「与えられる」ことより「与える」ことを教える

役に立つ喜びを知っている人は、今自分が置かれている環境の中で自分をどう役立たせるかという目で周りを見ます。つまり、「自分に何ができるか?」という見方です。この時、その人の視線や意識は外に向かっています。ですから、周りで起こっていることによく気づきます。この状態は「与える」状態です。その人の存在が、その場に何か肯定的なものを与えます。これは別に人目を引く人という意味ではありません。目立たないままでも、周囲に静かな安心感を与える人もいます。

一方、「いい子」は、周りから「いい子」と評価されることを望みます。周りからの評価があってはじめて「いい子」になれるからです。ですから、視線はいつも自分に向いています。周りから自分に向く視線を意識して、自分の意識も内に向かっています。この状態の時、人は与えられること、つまりいい評価を与えられ、周りから

「いい子」だと言われることを望んでいます。この状態は「与えられる」、または周りから「奪う」状態です。周りから何かを取っていこうとします。

私たちは子どもに、どんな人に育ってほしいと願っているのでしょうか。与える人でしょうか。つつましくとも、その人がそこにいることでだれかの心が温かくなる、そんな人でしょうか。それとも、周りに評価を求め、自分の心を温かくしてもらいたいと望む人でしょうか。答えは決まっています。「奪う人」ではなく、「与える人」です。

しかし、子どもにそんな人に育ってほしいと、そこに向かって親が努力し、その方向に向かわせようとすると、無理が生じます。「人の役に立つ人になるのよ」と子どもにいくら言っても、言うだけで子どもがそうなるわけではありません。

「与える人」に育てたいなら、子どもの時に与えることを「体感」させることです。親の役に立ってもらい、親がそれを喜ぶことで、自分の存在の影響を子どもに「体感」させるのです。

料理好きの鈴木さんがこんな話をしてくれました。

彼はとてもお料理が好きで、おいしいものをつくって人に食べてもらうのがたまらなく好きだといいます。おいしいもので人を幸せにするのが大好きなのです。

ある時彼が、料理好きになるきっかけになった出来事を話してくれました。

鈴木さんが育った家は豊かとはいえず、両親はいつも忙しく働いていました。長男である彼は、そんな両親と幼い弟や妹のために、よく食事の支度をしていたそうです。ある時彼は、夕飯のおかずに魚を焼きました。なんということのない、安い魚の塩焼きです。焼き魚をおかずに家族で食卓を囲んだ時、母親が魚を一口食べて、ため息をつきながら言ったそうです。

「おいしいね。お兄ちゃんの焼いたお魚はおいしいね」

その一言が彼の料理好きの原点です。もちろん、それまでも親は何度もほめてくれていたでしょう。でも、その時の母親のため息と、「おいしいね」の一言は、今でも耳の奥に残っている、と彼は言います。

一時でも、自分が母親を幸せにすることができたという体験。鈴木さんにとっては、それこそすばらしい体験だったのではないでしょうか。役に立つ子どもを育てるには、今、役に立ってもらうことです。そしてそれを喜び、感謝することです。

第3章

「早くしなさい」と言わない子育て

せかされる子どもたち

♪「早くしなさい」

「早くしなさい。もう七時よ」（朝起こす時）
「さっさと食べなさい。遅れるわよ」（ごはんを食べる時）
「何ぐずぐずしてるの」（支度をしている子どもに）
「うろうろしてないで早く帰るのよ」（出かけようとする子どもに）
「さっさと宿題しちゃいなさい」（帰ってきた子どもに）
「早く寝なさい」（一日の最後に）

これらの言葉に聞き覚えはありませんか。この言葉を今日は何回言ったでしょうか。思い出してみてください。

私は、産休で休む以外はずっと仕事をしてきました。朝、子どもを幼稚園に送ってから出社するので、朝の時間は大変です。私は娘一人でしたからまだましでしたが、これが二人、三人という親は、なんて大変だろうと思います。気がつくと、「早く早く！」を連発している自分がいます。娘をせかせるほど、娘の動きが遅くなる気がして、それがまた、私のあせりに火をつけます。

娘が幼稚園に通い始めて一カ月ほど経《た》ったころです。連休明けの最初の日、娘を抱えるようにして幼稚園に到着し、

「じゃあね、お母さん行くから。早く先生のところへ行きなさい」

と娘に声をかけると、娘は半べそをかきながら、

「お母さん、『早く早く！』って言わないで」

と私にしがみついてきました。連休中ずっと私にくっついていた娘は、「さよなら」を言うのがつらかったのでしょう。私から早く離れることを求められた娘は、さびしくなってしまったのです。

そばにいた園長先生が気を使って娘を引き受け、

「お母さん、いいですから早く行ってください」

と言ってくださいました。しかし、その時私は、心の中で園長先生に言ってしまい

ました。

「『早く！』って言わないで」

私は電車に乗り遅れるのを覚悟してその場に座り、ただ娘を抱いていました。五分と経たないうちに娘は落ち着いて、

「お母さん、会社へ行く？」

と私から離れました。

働く母親として十分気をつけていたことでしたが、それ以来、私はいっそう、「早く早く」を言わないように気をつけました。そして、子どもと一緒の時は、なるべく子どものペースに合わせて生きようと思いました。

また、娘が小学四年生ぐらいの時のことです。

学校の脇《わき》の道を娘と一緒に歩いていると、娘が突然、こう言いました。

「あー、すごい。見て、お母さん。アリよ、アリ！」

アリの何がそんなにすごいのかと、娘が指差す先を見ると、確かにアリのすごい行列。長い長い列が延々と続いています。娘と一緒にアリの列を追いかけて道の脇にか

がみこみ、アリの穴をのぞき込んでいました。

私は、実は感動していたのです。「四年生にもなって、娘はいまだにこんなもの（と親は思います）に大喜びしている」と。すると、後ろから、

「あらあら、何があるんですか？」

と女性の声。振り返ると、見知らぬ品のいい女性が、ニコニコと私たちを眺めています。娘はすかさず、

「あっ、先生。アリなの。すごいアリの行列を見つけたの」

とその女性に行列を見せています。その女性は私がお会いしたことのなかった小学校の音楽の先生でした。あいさつをすると、先生はこうおっしゃいました。

「天真爛漫《らんまん》な子は、こうやって育つのね」

私は先生のその言葉にも感動しました。

「そんなもの見てないで。早く行くわよ」

とせかせるのは簡単です。でも、子どもと一緒にアリの行列を眺める、親のそういうあり方が、娘を天真爛漫に育てたのだと評価されたような気がしました。

♪「早くしなさい」が「できない子」を育てる

「早くしなさい」は、まったくの「ヘルプ」の言葉です。子どもを「できない人」としてとらえて、どうせできないからと親が口を挟み、子どもに確実にやらせようとしているわけです。では、本当に子どもはできない存在なのでしょうか。そんなことはありません。親が余計な口を挟まなければ、子どもはもっとできるはずです。

両親が遠方に住む森川さんは、ある日、お父さんが入院したという連絡を受けてあわてます。一刻も早く行ってやりたい気持ちは山々ですが、今の家の状態ではすぐに行くことはできないと思いました。夫は毎日帰りが遅く、家事への協力はほとんど期待できません。

子どもたちも毎日、森川さんに頼りきった生活です。それこそ、毎日朝から「早く早く」を連発し、なんとか一日を終えているという状態です。中学二年の長男は、小さな時からのんびり屋で、寝起きが悪く、朝は本当に手がかかります。小学生の長女も、家の手伝いはほとんどせず、森川さんの悩みは、手のかかる家族だったのです。

でも、彼女にとって父親は大切な存在でした。

「こんな時こそ、すぐに飛んでいってやりたい」

という気持ちです。そこで夫に相談すると、

「うちはなんとかなる。心配せずに、すぐに行ってあげて」

と言ってくれました。

「何日分かの夕飯を支度してから、出かけるわ」

と彼女が言うと、

「何でも食べるから、すぐに行け」

とせかされ、彼女は後ろ髪を引かれる思いで出かけました。

幸い、父親の状態は深刻なものではありませんでした。すぐに飛んできた娘に両親はたいそう喜んだそうです。「これなら、とんぼ返りしてもいいかな」と内心思いましたが、心細そうな母を一人で置いては帰れません。たとえ二、三日でも一緒にいてやりたいと思いました。

そこで夜、家に電話をすると、早く帰った夫が子どもたちにごはんを食べさせている様子でした。驚いたのは翌朝です。子どもたちを起こそうと電話をすると長女が出て、

「今、お兄ちゃんと朝ごはんの支度をしている」

と言ったそうです。さらに、

「これからお父さんを起こすのよ」

とも。そのあと長男に替わってもらい、森川さんが電話でこまごまと指示をしようとすると、

「お母さん、大丈夫だよ。きのうのうちに支度しておいたから」

とこともなげに言ったそうです。

後日、森川さんはその時のことを語ってくれました。

「私、いったい何をしていたんだろう。『早く早く』と毎日子どもをせかせて、みんなが時間通りにできるように家を仕切っていた。それが自分の仕事だと思っていたんです。そうしないと、子どもは何もできないと思っていたんです。ところがなんと、私がいなくても、子どもたちは自分のすべきことをきちんとするんです。ひょっとしたら、私がいる時よりも、早くできていたかもしれません」

彼女の息子さんは、手のかかる子ではないのかもしれません。彼女がそう扱っているので、息子さんもそれに従って手のかかる子を演じていただけかもしれないのです。確かに、母親のように何でも早くはできないかもしれませんが、彼は彼なりのペースでやっているのです。それが「早く早く」とせかせる彼女の目には、手のかかる子と

映っていたのです。

♪「早く早く」と親は何をあわてているのか

私たち親が「早く早く」と子どもをせかせる時、私たちは何をそんなにあわてているのでしょうか。もちろん、働いていて、一定時刻までに子どもを送り出さないと自分も職場に遅れてしまう場合もあるでしょう。

でも、それが理由のすべてでしょうか。そうではないような気がします。

「早く早く」

と子どもをせかせている時、私たちの中には自分のリズム、ペースがあって、周りがそのペースと同じペースで動くことを求めているのです。その時私たちは、世界の中心です。わが家という世界の中心にいて、すべてが自分の思うように、自分の望む速さで動くことを要求しているのです。

そこには親の「ねばならない」が基本にあるのではないでしょうか。家族に朝ごはんを食べさせなければならない。時間までに子どもを学校に送り出さなければならない。家をきれいに整えなければならない。子どもの勉強を見てやらなければならない。

時間通りに家族に夕飯を食べさせなければならない。明日のことを考え、子どもを一定の時刻までに寝かせなければならない。

これらの「ねばならない」に追われている時、親はその義務を果たそうとして、子どもを親のペースで動かそうとします。そして、「早く早く」と号令をかけるのです。「ねばならない」の多い親は、責任感が強く、物事をきちんとこなしていきたいと考える人たちです。その責任感ゆえ、この人たちの周りでは、ほとんどのことが滞りなく進んでいきます。

ところがそういう人は、一方では、「ねばならない」に疲れているのではないでしょうか。子どもを「早く早く」とせかせるだけではなく、自分自身をもせかせているからです。

「狭い日本、そんなに急いでどこへ行く」

というのは、昔よく聞いた標語です。

「短い人生、そんなに急いでどこへ行く」

と置き換えて、私はよく自分を戒めています。

自分自身をせかせて生きている時、私たちは「今」を体験しません。今、自分に何が起こっているのか、周りや子どもに何が起こっているのかを、ゆっくり観察することはありません。

「ねばならない」に突き動かされている時は、やっていることを自分で選んでいるという意識があまりありません。「ねばならない」は義務であり、やりたいかやりたくないかにかかわらず、「やるべきもの」になってしまっているのです。「べきもの」を片づけている時、私たちは楽しめません。自分が楽しんではいないので、子どもにも「早く早く」と命令して、「今」を楽しむことを許さないのです。

そんな親にかぎって、自分の「ねばならない」こと以外には目がいきません。子どもが何に興味を持ち、それをどう楽しんでいるかはわからないし、わかろうともしません。そのくらい自分の「ねばならない」に心が占領されているのです。

娘がまだ幼稚園に入る前のこと。仕事から解放され、久しぶりの休みがとれたある日。私は普段できない家事を片づけ、娘とも十分遊んでやりたいと思っていました。ですから、早く「ねばならない」ことを片づけようとしました。

「さっさと食べて」

「早く着替えて」

と娘に指示を出しながら、まるで鬼のように家事に取り組みました。やっとすべてを終え、一緒に出かけようと、玄関でぐずぐずしている娘に、

「早くしないと、遊びに行けないよ」

と脅しをかけた時、娘はついにキレました。

「行かない。行かなくていい」

私は一瞬、カッとなりました。娘の目にはもう涙がいっぱいです。その涙で私は、子どもと遊ぶという私のしたいことまでもが、「ねばならない」ことになってしまっていたことに気づいたのです。娘は、ただ私と一緒にいる時間を楽しみたかっただけなのです。

♪「早くしなさい」「きちんとしなさい」で子どもは自分を見失う

これは、最近の私と、もう大学生になった娘の会話です。SOHO（自宅の一室の仕事場）で仕事をしていた時のこと。夏休みで帰省していた娘に仕事を手伝ってもらおうと、朝、待っていると、娘は寝ぼけまなこで起きてきました。

「ねえ、今日バイトできる?」

「……」

「これをコピーして、資料を二〇部つくってほしいの」

「……」

「冷蔵庫にフルーツ入っているから」

「……」

「そうだ。あなたのシーツ、まだ洗わなくていいの？」

「……」

「サクラ（文鳥の名）にまだ、餌《えさ》やってないから」

「……」

「コピーはカラーじゃなくていいから」

するど娘は、

「ねえ、どの順番でやればいいの？　まず、朝ごはんから始めていいかな？　まったく、いっぺんに全部できるわけないじゃない。一つずつよ。もっと落ち着いてよ！」

子どもも大学生ぐらいになると、親の話が混乱しているのを冷静に受け止めて、「やれやれ、仕方ないな」と親の気分を害することなく、うまくその混乱をかわしてくれます。これが、もっと幼い時期にはこうはいきません。親に降るような言葉を浴びせかけられ、何をすることを求められているのか、子どもは迷います。

「手を洗うのよ」

「ちゃんと靴、そろえてね」

「だめだめ、それ、そんなところへ置いちゃ。向こうへ持っていって」

「先に、ドアを閉めておいて」

たくさんのことを言われて子どもは迷います。矛盾したことを言われた時は、さらに混乱します。

「さっさとしなさい」

と言われたので、トップスピードで親の期待に応《こた》えようとします。

すると親は言います。

「何、これ！　もっときちんとやらなきゃだめじゃない」

きちんとしたことをやってほしいのなら、時間を与えなければなりません。早くしてほしいのなら、出来映えに注文をつけてはいけません。ところが、親はその両方を求めます。子どもには到底できないことを求めるのです。

このダブルメッセージに子どもは自分を見失います。何をやっても気に入ってもらえないと、絶望に似た気持ちを感じるのです。

そのような体験をたくさんした子は、なかなか自信が持てません。親から受ける否定的な言葉も、自信を形成するうえで妨げになりますが、親の期待通りに成し遂げられない自分にも自信が持てません。子どもは、何かが「できる」ことで自己肯定感を育て、「責任」を学び、自立していく、と述べました。ところが、一時にはできない二つのことを同時に求められて、「できない自分」を体験することの多い子は、なかなか自己肯定感を育てられないのです。「自分はこれでいい」と思えないのです。

♪せかされる子どもは自分発見の機会を失う

人にはそれぞれのペースがあります。速い人、遅い人、いろいろです。興味の対象もいろいろです。当然のことですが、人は自分のペースで、自分の興味の対象に向かいます。私たち大人もそうです。今の自分が興味を持っているものに没頭して、体験し、味わい、いろいろな発見をしていきます。興味の対象に関するいろいろな発見は、そのプロセス自体がそのまま自分自身の発見にもつながります。

ですから、自分の興味の対象と、自分のペースでじっくり向き合うことのできる子は、「どんな気持ちがするのか」「自分はどうか」を発見する機会をたくさん持つことになります。

例えば、犬に興味を持った子がいるとします。犬に近づきながらも、はじめてなのでこわいと思うかもしれません。飼い主も親もニコニコと眺めているので、大丈夫だろうとそっと手を出します。犬の毛のふわふわに手を触れて、「なんて気持ちがいいんだろう」と感じます。犬の目を見つめて、「かわいい」と思います。「犬とは何か」を体験するわけです。そして、思いっきり振られている尻尾《しっぽ》を見て、「自分は犬が好きだ」と思うのです。

お買い物に行く途中の道路には歩道があって、道路との境には一段高くなっている縁石《えんせき》があります。子どもは、そういうところを歩いてみたくなります。お母さんに手をつないでもらって、高いところを歩きます。いつも見える風景とは少し違います。高いところにいると、いつもの自分より大きくなった気がします。そして、そこから飛び降りてみます。すると、「やった！」という気分になります。

夢中になって本を読んでいる子がいます。主人公になりきっているのでしょうか。

本を読んでいる自分の存在すら忘れているかのように、物語にじっと入り込んで、物語を体験しています。「自分」という意識から離れて、何か別のものになりきっているのかもしれません。ふと、われに返って、本の内容にワクワクしている自分に気づいて、「本はおもしろい」と思います。

物づくりに夢中の子がいます。ぬいぐるみの目をつける作業です。どの大きさの目を、どこにつけたらかわいくなるか、じっと考え、意を決して不器用に針を動かします。何度も何度もやり直しながら、やっと自分の満足する出来映えになりました。物を仕上げた満足感で、胸がいっぱいになります。「満足」を体験します。

どうか興味の中に没頭している子どもの「学び」を邪魔しないでやってください。親は、子どもの興味につきあえないまでも、自分のペースをちょっと落として、少し待ってやってください。

ただし、どのような興味に夢中になっているか、気をつけなければなりません。子どもが主体的にかかわれるものへの興味は、問題がないといえるでしょう。ところが、子どもが受け身になりがちなものに関しては、そこに入り込む時間を制限することも重要です。例えば、テレビ番組やテレビゲームなどがそれです。

テレビ番組もテレビゲームも与えられる楽しみです。与えられる楽しみに慣れてしまうと、自分から楽しみをつくり出すことを学べません。大人になれば、いろいろな楽しみの一つとして、時には受け身なものも選べます。でも、幼いころからそれしか知らないとしたら、大きくなってからの選択の幅が狭くなってしまいます。

♪子どもの時間はいつも「今」

子どもの時間はいつも「今」です。幼い子ほど「今」を生きています。未来のためにとか、過去を顧みるということは、彼らの世界にはありません。大人のように「次にはあれをしなきゃ」とか「明日のために」という気持ちはないのです。今、この瞬間にしか生きていません。ほかに考えなければならないことがない分、一つのことに、今この瞬間に集中できるのです。ですから、いったん集中すると彼らはとことん集中します。その集中の中から、彼らは多くを学び取ります。

幼い時に「早く早く」とせかされ、早く、きちんとしていることを期待された子どもは、幼いころから大人っぽい子になります。でも、必ずしもそれが子どもの幸せにはつながりません。せかされるのに任せて、早く、きちんと物事を片づけているうちに、彼らは子どもの時間を失います。本来、子どもの時に体験すべきことを体験しないまま大きくなっていきます。

大人には大人の時間があるように、子どもには子どもの時間があります。そして、子どもの時にしか学べないものがあるのです。それを「早く早く」と言われると、彼らは子どもの時間を生きることができなくなります。子どもの時間は飛ぶように過ぎ去ってしまいます。

子どもの時間は、大人になるための準備の時間ではありません。親は子どもの将来を見据えてしつけをしようとするかもしれませんが、それをすればするほど、私たちは子どもの「今」だけでなく、未来までも奪います。なぜなら、子どもの時に子どもをやらなかった人は、いつまでも大人になれないからです。

子どもの時に「今を生きる」ことを学べなかった子は、大人になっても「今を生きる」ことが難しく、今この時の幸せや充実を感じることが下手です。

「今」を子どもの手に返しましょう。せかせることなく、子どもらしい時間を堪能《たんのう》させてやりたいものです。そのためには、不要なしつけをしないことです。十分に遊ばせること。そして、せかせないことです。

責められる子どもたち

♪「うそをつかないで！」

講演が終了したあと、私はよほどのことがないかぎり、すぐにはその場を去らないようにします。もたもたと荷物を片づけていると、必ずといっていいほど、静かに近づいてくる人がいます。講演中に質問できなかった人です。相談したいと思いながら、人前では質問できない人もいるのです。

そんなお母さんのご相談です。

彼女には小学一年生になる由紀ちゃんがいますが、由紀ちゃんは何かにつけてお母さんの思い通りになりません。お母さんは由紀ちゃんを通して、近所のお母さん仲間と楽しい時間を過ごすことを夢見ていました。ところが、現実は彼女が望むようにはいきませんでした。由紀ちゃんはほかの子どもたちの遊び仲間に入ることができません。なんとかその中に放《ほう》り込んでも、必ずといっていいほどもめ事が起こり、がっかりして公園から帰ることになるのです。そんなことから、お母さんもお母さん仲間に入り込めず、ちょっと距離を置いてさびしく暮らしていました。

小学校に入学してもその様子は変わらず、お母さんはますます由紀ちゃんへの不満を募らせます。お母さんは、お母さん仲間に入って楽しく過ごせないのは、娘のせいだと感じるようになりました。

また、由紀ちゃんは集団生活にうまく適応できないらしく、毎日のようにもめ事を抱えて帰ってきます。よそのお母さんに苦情を言われたこともありました。その苦情の真偽を質《ただ》すため、娘を問い詰めます。由紀ちゃんはもっともらしいことを言い、お母さんはいったんそれを信じます。ところが、あとになって、別のお母さんからの言葉で、それがうそであったことがわかりました。

彼女はがっかりしました。娘にずっと失望させられてきて、また今、うそをつかれて裏切られたと、彼女はやり場のない怒りに包まれたのです。

彼女は、私に言いました。

「娘が信じられません。娘をわかってやれるのは自分しかいないと思い、一所懸命やってきたのに。そんな私にうそをつくなんて。もう、どうしていいかわかりません」

彼女は、うそをついたことに関して由紀ちゃんをかなり責めたようです。

子どものうそに悩む親は少なくないようです。たわいのないうそは見逃せても、本当にがっかりするようなうそや、それによって人に迷惑がかかるうそは、親としても見逃すわけにはいきません。ところが不思議なもので、うそをつかないようにしつけようとすればするほど、子どものうそはひどくなります。ひどくならないまでも、子どもとの距離がどんどん開いていくのを感じる親もいるようです。

「うそをつく子どもが、だんだん嫌いになってくる」

という親もいました。

親にしてみれば、子どものうそがあまりにあからさまな時は、その場で、

「うそをつかないで!」

とピシャッとやってしまいがちです。なぜなら、うそはいけないことですから。でも、それは親の立場からのことです。親は子どもにうそをつかないでほしいという期待を持っていて、その期待に沿わないことをした子どもに怒りを爆発させているだけなのです。

「親の期待に沿わない悪いことをした子どもを叱《しか》るのが、なぜいけないの？」
「うそをつかないことを教えるのは、大切なことじゃないの？」
と思うかもしれません。

でも、そういうあなたが、うそをついた子どもを叱る目的は何でしょう。期待に沿わないことをした子どもへの怒りをぶつけることでしょうか。それとも、子どもにうそをつかないように教えることでしょうか。

もし、怒りをぶつけることなら、その目的を達することは容易です。その場で「うそをつかないで！」とやればいいのです。しかし、もしあなたの目的が、子どもにうそをつかないことを教えることなら、子どものうそを責めても何の効果もありません。

子どもがなぜうそをつくのか、親はどう対処すればいいのか、考えてみましょう。

♪うそは役に立つ（うそをつくのにはわけがある）

まずは、幼いころのうそについて考えてみましょう。うまくいけば、面倒くさいことをせずにすむという場合の単純なうそ、何か親の気に入らないことをやってしまって、うまくいけば、親からの叱責《しっせき》を避けられるという場合のうそがあります。

また、自分を実際よりよく見せることで、親から「いい子」だと思ってもらうためのうそもあります。信じてもらえれば、親の注目を浴びることができます。

単純なうそは、面倒なことを避けることが目的です。

「靴下替えた?」

「替えたよ」

「どれどれ。あら、替えてないじゃない。はい、替えてらっしゃい」

こういううそは、日常会話のスパイスだと思ってください。「小さなうそから正していこう」などと意気込まないで、うそをつこうがつくまいが、やることはやらなければならないことを教えましょう。これを繰り返すことで子どもは、うそがつまらないものだということを、身をもって学びます。

「なんでうそをつくの!」と目くじらを立てても、それは、うそをつかれたことへの怒りの爆発であり、うそをつかないように子どもを導くための方法ではありません。

親の叱責を避けるためのうそはどうでしょう。

「あっ、本が破けてる」

「僕じゃないよ。健一じゃない?」(人のせいにする)

「あら、変ねえ。健一はずっとお昼寝してたのに」

「僕じゃないよ」

「じゃあ、お兄ちゃん、健一がまた本を破らないように気をつけて見ていてね。お母さんの大切な本なの。お願いね」

「う、うん」

　この場合、お兄ちゃんは普段からお母さんによく叱られているのかもしれません。もし叱られることの少ない子なら、本を破ったその時に「本、破いちゃった」とお母さんに言ってきます。あるいは、お母さんが「あっ、本が破けてる」と言った時に、「僕がやったの」と言えるでしょう。

　叱責を避けるためのうそは、子どもにとっては、自分を守るための必要悪なのです。子どもは、親をだますためにうそをつくことはありません。自分の身を守るためにうそをつくのです。ですから、「だまされた」と腹を立てるのは、感情の大きな行き違いを親子の間につくってしまいます。

　まずは、子どもが身を守らなければならない環境になっていることに気づきましょう。つまり、子どもにとっては「叱られる」「責められる」と感じることの多い環境なのかもしれないということです。子どもは、「自分を守らなくてもいい」とわかると、自分の失敗や間違いを素直に話すようになります。

それでは、自分を実際よりよく見せるためのうそはどうでしょう。

あるお母さんは、五歳の純子ちゃんの小さなうそに悩んでいました。純子ちゃんは、自分をよく見せるために誇張して話すのです。お母さんは実直な方ですから、純子ちゃんが自分をよく見せようとすることが気に入りません。そして、うそがエスカレートすることを恐れていました。

私はお母さんに、「あまり心配しないように」と言って、一つのアドバイスをしました。それは、純子ちゃんの話に誇張があった時は普通に対応し、誇張をしないで素直に表現した時に、大いに反応するという方法です。誇張してよく見せようとするより、素直に表現する時のほうが親が喜んでくれることがわかれば、純子ちゃんは誇張しなくなるでしょう。

♪「なんでそんなことするの！」

子どもが何かに失敗したり、やってほしくないことをやったりした時、私たち親はとっさに「なんでそんなことするの！」と叫んでしまいます。あなたにもそんな体験はありませんか。こんなふうに叫んでしまうのは、子どもがやっていることが理解できなくてイライラし、そのイライラを思わずぶつけてしまう時です。

私の娘から聞いた話です。

娘が小学生のころ、理科の実験でジャガイモを使いました。実験が終わり、子どもたちはジャガイモで遊んでいました。その時ある子が、ジャガイモが触れた机の部分が、しばらくすると白くなることを発見したのです。すると、それを見たほかの子たちが、おもしろがっていっせいに手持ちのジャガイモを机にせっせとこすりつけ始めたのです。そこへ担任の先生がやってきました。そして、イライラした声で思わず、

「なんでそんなことするの！」

と叫んだということです。

先生には気の毒に思いました。クラス中の子どもが、いっせいにジャガイモを机にこすりつけている姿を見たら、だれだってそう叫んでしまうでしょう。子どもは、大人から見ると「なんでそんなことを」と思うようなことをよくします。ところが、子どもにしてみれば何らかの理由があるものなのです。

また、子どものしたことがほかの人の迷惑になっている時は、親は相手に対する手前、「なんでそんなことを」と言わざるをえないこともあります。例えば、一緒に遊んでいる子のおもちゃを壊してしまうとか、友だちを叩《たた》いて泣かせるといったことをした時です。

「なんでそんなことするのよ！」

「だって……」

「『だって』じゃないでしょ！　京子ちゃん、泣いているじゃない。謝りなさい」

「だって……」

「ほら、謝りなさい！」

「え〜ん」（子どもが泣きだす）

娘が幼かったころ、一緒にデパートに行った時のことです。夏向きのレイアウトが素敵にされている一角で、娘が何かを一心に見つめています。きれいなガラスの上に水色の砂がしかれ、そこに白い貝殻が並んでいます。私も、きれいだなと思って見つめていると、娘の人差し指がスーッと砂の上に伸び、砂をなぞり始めました。

一瞬ギョッとしましたが、私も思わず「やってみたい」という思いに駆られました。

でも、そのままにするわけにはいきません。娘の耳元で、「あらら」とつぶやき、

「それじゃあ、せっかくのお砂が台無しよ。直しておこうね」

とささやいて、なるべく元の姿に戻すよう努力しました。私には、「なんでそんなことするの！」とは言えませんでした。なぜなら、彼女の気持ちがわかったからです。

一緒に遊んでいる友だちを泣かせてしまった時も、同じように子どもの気持ちに沿って対応できるのではないでしょうか。

「京子ちゃん、泣いちゃったよ。あなたが叩いたから、きっと痛かったのよ」

「だって、京子ちゃんがおもちゃ、貸してくれないんだもん」

「あれは京子ちゃんのおもちゃよね。『使ってもいいよ』って言ってくれるまで、待たなくちゃね」

「だって……」

「京子ちゃん、『痛い』って泣いてるよ。どうしたらいいかな？」

「……」

「『ごめんなさい』して、もう一度遊ぶ？」

強制的に「ごめんなさい」を言わせるより、自分の意思で謝ってもう一度遊ぶのか、

「ごめんなさい」を言わないのならその日はもう「さよなら」するのかを、子どもに選ばせたほうがいいでしょう。

相手のお母さんには、親同士の会話で謝ればいいのです。

♪「いいかげんにしなさい」

親が言葉を失った時、子どもにどう理解させていいのかわからない時、親は素直にそのことを言いません。その代わりに、子どもの欲求を抑えつけようとして、

「いいかげんにしなさい」

と子どもを責めます。この言葉は、「もう聞く気はないよ」「話す気はないよ」「受け入れる気はないよ」という意味を持っていて、相手とのコミュニケーションを終わりにする最後通告なのです。

最近、電車の中で出合った光景です。若い両親と幼い男の子の兄弟が乗ってきました。兄弟はとても楽しそうにじゃれ合っています。両親はおしゃべりに夢中です。兄弟が大きな動きをした時、ほかの乗客にぶつかってしまいました。母親はあわてて兄弟を抑え、ぶつかった人に謝りました。そして、

「静かにしなさい」

と子どもたちに注意しました。それから両親は、また熱心におしゃべりを始めましたが、子どもたちは、今度は大きな声をあげます。すると、今度は父親が低い声で、

「いいかげんにしろ！」

と兄弟をにらみ、兄の手をぐっと引っ張りました。兄はべそをかくのを必死でこらえ、弟はその兄の様子を見て、同じようにべそかき顔になります。そのあと兄弟は、降りる駅までずっと静かでした。

公共の場でこんな光景に出合うと、ちょっと心が痛みます。べそをかかせなくても、その場を収める方法があるはずです。例えば、こんなふうな会話もできるのではないでしょうか。

「ほら、そんなに動くと周りの人に迷惑だよ。どうしたら静かにしていられるかな？」

「僕たち、静かにしてるよ」

「そうかな？　おまえたちは結構うるさい。周りの人も迷惑しているよ」

「じっとしていると、退屈なんだもん」

「退屈するのはわかる。でも、騒がれると周りの人は迷惑するよ」

「じゃあ、何をすればいいの?」

「迷惑にならない遊びは何だろう?」

「うーん、しりとり?」

「それ、いいな」

「じゃあ、しりとりしてる」

「うん、頼むよ」


いつもこれほど簡単にはいかないかもしれません。でも、「いいかげんにしなさい」とコミュニケーションを拒絶するより、はるかにいい方法です。それに、「いいかげんにしなさい」と言われても、子ども自身は何を言われているのか、よくわかっていないことが多いのです。

幼ければ幼いほど、子どもの世界は小さく、自分が周りにどのような影響を与えているのか、わかりません。自分が楽しくしているのが周りの迷惑になっていることに気づかないのです。それが子どもです。

それを突然、「いいかげんにしなさい」と責められても、子どもは何のことだかわからず、ただ責められていると感じるだけでしょう。結局、理不尽な扱いを受けている、と怒りの感情を持つだけなのです。ですからまずは、

「君たちがうるさいと、周りの人が迷惑だよ」

と、起こっている事実を子どもに告げる必要があります。子どもはその事実を把握して、はじめて自分の行動を選択できます。その選択をさせないまま、「いいかげんにしなさい」では、一種の人権無視だといえるでしょう。どんなに幼い子でも、その人権を無視したところにしつけはありません。

教育というものは、導かれる側の尊厳を守ろうとする気持ちが導く側にあってこそ、はじめて成り立つのです。

否定される子どもたち

♪「お兄ちゃんのくせに」

　私の子育ての先生は、私の母です。母は七〇歳になる前に亡くなっていますが、私は小さいころ、その母にとても不満を持ったことがあり、今でもよく記憶しています。その一つは、私が年子の兄とけんかをした時に、母が兄を叱らなかったことです。

　よその家では、必ずといっていいほど、きょうだいげんかの場面では兄や姉が叱られていました。ところが、うちでは兄は叱られません。けんかが始まると、母はしばらく黙っていますが、そのうち知らん顔でどこかへ行ってしまうか、「うるさいから外へ行ってやってきなさい」と言うだけだったのです。

　小学生のころ、私は一度、そのことについて母に抗議したことがあります。

「なぜお兄ちゃんを叱らないの？　よその家では必ず上が叱られるのに」

と。その時母は、

「せっかくけんかしているのに、邪魔しちゃ悪いから」

というような意味のことを言ったように記憶しています。

私は母の口から、「お兄ちゃんのくせに」とか「女の子のくせに」「男のくせに」という言葉を聞いたことがありません。これらの言葉は、個人としての子どもの存在を否定しています。子どもを一人の人として見ないで、きょうだい間における位置づけや性別などの括《くく》りで区分けして、その括りの人はこうあるべきだという固定観念に沿って、そうではない子どもを否定しているのです。

母は、私を一人の人として見てくれました。ですから私は、女の子はこうあるべきだとか、そうでない子はだめだとは思わなかったようです。私はお転婆でしたが、それを否定された記憶はありません。ですから、私はそのままの自分で育ちました。母は固定観念で私を矯正しようとはしなかったのです。そのままの私を受け入れてくれました。

そのままの自分でいることに不都合を感じたのは、ずっと大きくなってからでした。それは自分で感じた不都合です。自分で直すしかありません。でも、そんな時、母によって養われた自己肯定感が私を助けました。自分でいることを否定されずに育った子どもが強いのは、自己肯定感があるからなのです。私の行動は不適切であっても、私自身は「これで大丈夫」と思えたのです。ですから私は、「自分」ではなく自分の「行動」を変えることで、世の中に適応してきました。

福田さんは常に「お姉さん」を期待されて育ちました。三人姉妹の長女で、父親からも母親からも、「長女はこうあるべき」「姉はこうあるべき」を押しつけられて育ちました。何かあると、二言目には「お姉ちゃんのくせに」と言われたそうです。そのたびに彼女は、自分が大切にされているとは思えず、「長女」として、「姉」として存在することのみ許され、「自分」でいることは否定されていると感じたそうです。

そんな福田さんは、適齢期になっても恋愛することすらできず、「お姉ちゃんなんだから」という親の論理のもとで、結局妹たちの結婚を見送り、いまだに親元で長女の役割を果たしています。

「お兄ちゃんのくせに」「お姉ちゃんなんだから」という言葉は、周りがその子をうまく利用しようとする時に使う言葉です。役割で縛りつけて動かそうとしたり、思い通りに動かない時にその子を否定するために使っているのです。ところが子どもは、その役回りとしてではなく、一人の人として大切にされることを求めています。私たち親がそうであるように。

♪「よそはよそ、うちはうち」

何かをねだる時、子どもはよく「○○ちゃんも持っている」とか、「みんな、買ってもらっているよ」と言います。自分が買ってもらうべき理由として、よその家の例を引き合いに出すのです。これはとても有効な戦略です。なぜなら、より多くの子どもが買ってもらっているとすれば、自分が買ってもらうための格好の説得材料になるからです。

親は、子どものこんな要求にどのように対応しているでしょうか。多くの親は、

「よそはよそ、うちはうち」

と、よそがそうだからといって、うちもそうであるとはかぎらないことを伝えるのではないでしょうか。この考え方は大変健康的で、自立した考え方です。私も、そのように考えることをおすすめします。

ところが、この言葉にはいくつかの問題があります。その問題について考えてみま

しょう。

まず、「よそはよそ、うちはうち」という考え方を、親が自分にも適用しているかどうかという問題です。つまり、世の中の流行に振り回されることなく、ご近所や友人・知人が買ったかどうかに影響されず、「よそはよそ、うちはうち」を自分でも貫いているかということです。

子どもの学業成績や進路なども同じです。よそと比較することなく、「うちはうち」「うちの子はうちの子として」を実践しているかどうかです。よそがするから、よそが行くからと、子どもの進路を周りの価値観で決めていないでしょうか。よその子が優秀な点数を取ったからといって、それをネタに、

「△△ちゃん、一〇〇点だったそうよ。あなたもがんばりなさい」

などと発破をかけていないでしょうか。

もし、親自身が周りに振り回され、周りがそうだからと何かをしていたら、子どもに「よそはよそ、うちはうち」と言うのは、矛盾しています。そして子どもは、矛盾している親の態度に反発し、明確な理由もないのに自分の要求が否定されたことに怒りを感じるでしょう。

もう一つの問題は、「よそはよそ、うちはうち」と会話を打ち切ることで、子どもはそれ以上親の考えに触れられず、なぜそうなのかを学ぶことができないこと、そして、会話を否定されたと感じてしまうことです。

「お母さん、僕にもパソコン、買ってよ」

「あるじゃないの」

「違うんだ。僕のが欲しいの」

「何言ってるの。今まで通り、みんなで使えばいいじゃない」

「だって、クラスの友だちはみんな、自分のパソコンを持っているんだよ」

「よそはよそ、うちはうち。よそが買ってもうちは買わないの。だめよ」

考え方はよくても、この対応では、子どもはいいかげんにあしらわれたと感じます。これでは、うちの考え方は何なのか、うちの親はどのような価値観を持っているのかがまったく伝わりません。

例えば、こう対応すればどうでしょう。

「だって、クラスの友だちはみんな、自分のパソコンを持っているんだよ」

「へー、そうなの。だれが持っているの？」

「○○くんと△△ちゃん」

「そうなの。ねえ、お母さん、まだよくわかっていないんだけど、そのお友だちは自分のパソコンを持って、何をしているの？」

「メールとか、自分でホームページを持っている子もいるし、それに……」

こうすれば、子どもの考えをじっくり聞くチャンスにもなるでしょう。少なくとも会話が続けば、子どもは、聞いてもらえなかった、要求をこともなげに否定されたという不満は感じないはずです。そして、

「高価なものだし、果たして本当にあなたの年齢で自分のものが必要かどうか、お父さんとも話し合ってみましょう」

と時間をかけて話し合う姿勢を示せば、子どもも時間をかけて自分の欲求と向き合い、考えることを学ぶのです。

♪「何やってもだめなんだから！」

ある講演が終わって、一人のお母さんが私のところに近づいてきました。ご相談かな、とそちらに笑顔を向けると、「よろしいですか」とやってきて、自分の一一歳に

なる娘がいかにだめかという話を延々とします。

「どうしたらいいのでしょう?」

とおっしゃるので、途中何度も、

「話を聞いてやっていますか?」

「お嬢さんは、お母さんに理解されていると感じていますか?」

といろいろ質問したり、できるかもしれないことを提案しました。

その質問のすべてに、お母さんは、

「ええ、やっています。でも、何やってもだめなんですよね」

と答えます。私は思わず、

〝だからあなたの子どもはだめなのよ。だめだって決めつけているのは、お母さん、あなたでしょ!〟

と怒鳴りたいのを抑えて、やさしい笑顔で、

「お母さん、魔法を一つお教えしましょう。これからの一週間、お嬢さんに『だめ』という言葉を言わないでみてください。きっとお嬢さんは変わりますよ」

とアドバイスしました。そして心の中でこう言いながら、手を合わせました。

「どうか、このお母さんが変わりますように！」

理想の高い親は高い基準で子どもを見て、その基準に達しないと「だめだ」と言い続けます。そして、こういう親にかぎって、本人の出来もよかったのです。特に学習面で出来がよく、きちんと正しい子ども時代を送ってきました。ですから、子どももできるはずだと思っているのです。きっと、生活面でも親の言いつけをよく守り、お行儀よく生きてきたのでしょう。

ところが、娘さんはそうではありません。お母さんに言わせると、「やる気がない」のだそうです（「だめだ」と言われ続けたら、当然やる気もなくなってしまうでしょう）。よくなろうという気がない、できないことに立ち向かう勇気がないそうなのです。

「お母さんは小さいころよくおできになったので、お嬢さんの気持ちがわかりにくいと思いませんか」

と言えば、

「いいえ、私だって苦手科目はありました。それでがんばったのです。最後にはできるようになりました。あの子にはそのがんばりがないのです。『算数は苦手だから、もう捨てる』って言うんです」

と、そのお母さんは怒りをあらわに答えます。

このお母さんは、子どもが「算数を捨てる」と言うに至った一一年間を見てはいません。突然やる気をなくしてそう言っていると思っているようです。もちろんその子は、もともと算数の素養が少ない子だったかもしれません。ところが、親の「何をやってもだめな子」という扱いが、娘さんを物事に辛抱強く取り組むよう育てなかったことに、気づいていないのです。

だれが言ったのでしょう、確かこんな言葉がありました。

「だめな子どもなどいない。いるのは子どもをだめに育てた親だけだ」

否定されることなく、自分のすばらしさを教えられて育てば、子どもは決してだめな子どもにはなりません。だめな子として生まれる子など、この世には一人もいないのです。

子どもを否定するちょっとした一言に気をつけてください。子どもは親を信じます。自分が最も頼りにしている親が言うのだから、間違いないと思います。そして、親の言う通り「だめな自分」に沈み込んでいくのです。

第4章

「子育て地図」を持とう

「子育て地図」を持つとは

毎日子どもの面倒を見ている母親は、今現在の子どもしか目に入っていません。時間的な区切りで子どもを動かして、遅刻しないように学校に送り出します。そうすることで、子どもの快適な一日を「ヘルプ」することができます。

子どもが帰れば、また時計とにらめっこ。子どもをベッドに送り込むまでに、子どもがやらなければならないことを、やらせます。母親がつくるそのリズムに乗って、「早く早く」とせかされながら、毎日を過ごす子どもが多いようです。

子どもをコントロールしようとする母親のこの傾向は、子どもの自立を妨げる要素の一つです。ところが、自立を妨げるからといって、この傾向が母親になければいいかというと、そういうわけではありません。

この母親の傾向が、幼い子どもを危険から守ります。子どもの動きをコントロールし、安全な場に置いておくことで、子どもの命を守ることができるのです。つまり、幼少期の子どもにとっては重要だった親の「守る力」が、子どもの成長にともなって、子どもを「制限する力」になってしまうのです。「ヘルプ」を「ヘルプ」のままにしておくことで、子どもの可能性を狭めてしまうのです。

とはいえ、まだ幼い子どもを育てている母親にとっては、子どもを守らなければならないのも事実です。

子どもを守りながらも子どもの可能性を制限しない子育ての方法はないものでしょうか。ここでは、その方法の一つをご紹介しましょう。

その方法とは、心の中に「子育て地図」を持つことです。どこか知らないところへ行く時、私たちは地図を使います。現在地を確認し、行き先を確認します。その間をつなぐ道筋を地図上でたどり、どこを通れば目的地に到達できるかを知ります。こうすることで、私たちは安心して現在地を出発できるのです。

「子育て地図」を持つということは、現状（現在地）を正確に把握し、どのような結果（行き先）をつくりたいのかを意識しながら子育てすることです。今、子どもを守る必要のある親は、先にも述べたように近視眼的に今現在の子どもだけを見ています。ちょっと身を引いて距離を置き、今の状態と行き先を確認することで、子どもを守りながらもコントロールしすぎることを防げます。

今、どこにいるのか。どこで、どのように迷っているのか。そして、どこへ行きたいのか。どんな旅をしたいのか……。それらの情報を自分で確認することで、ただ闇雲《やみくも》に進んで時間を無駄にするようなことを防げます。それが、時間の無駄だけならまだましですが、子育てという旅には、子どもの人生というとても重要な結果が待っています。どんな旅をしたかによって、その道連れだった子どもが手に入れるものがまったく違ってきます。

私たち親は、子どもを「何かにする」ことはできません。子どもを幸せにすることはできません。すばらしい人生を歩ませることもできません。でも、できることがあります。それは、彼らが幸せな人生を歩めるように準備してやることです。それは、これまで述べてきた「愛すること」「責任」「人の役に立つ喜び」を教えることです。それは、自分と人を大切にし、うまくいかないことは自分しだいで変えられることを知り、そして、周りの役に立つことを行動の動機づけにできるように導くことです。

「子育て地図」とは、その全体像を見渡せるガイドブックなのです。

子どもの現在地を確認する

子どもの現在地を確認するということは、「子どもがどんな子かをきちんと把握すること」です。人間はみんな同じではありません。親などから後天的に学ぶ行動の傾向は別として、一人ひとり生まれながらの気質のようなものを持っています。その気質を知ることが重要です。

例えば、自己主張の強い子か、それとも協調性のある子か。細かいことにこだわる子か、大雑把な傾向の子か。何でもさっさと行動する子か、じっくり行動する子か。繊細な子か、大胆な子か……。いろいろな観点から子どもの傾向を知ることができます。この傾向を把握して、はじめて一人ひとりの子どもとどのように接すればいいかがわかります。

ところが、その違いを認識せず、どんな子に対しても同じやり方で接していては、その子なりのよさや、その子らしさを引き出すことはできません。自己主張の強い子を黙らせようとしたり、繊細な子に辛辣《しんらつ》な言葉を投げかけたり、じっくり型の子を「早く早く」とせかせたりと、その子にとってつらいことを求めてはいけないのです。

私が子どものころ、いつも先生に叱《しか》られている子がいました。集団でいたずらをするのですが、先生の前に並べられても、こっぴどく叱られる子とそうでもない子がいました。今思うと、先生は一人ひとりの個性を把握し、人前で叱ってもいい子と、そうしないほうがいい子を、区別していたのです。いつも叱られる子は、叱られた直後にもうケロッとして、またいたずらを繰り返します。ところが繊細な子にとっては、人前で叱られるのは耐えられない屈辱でしょう。

あるお母さんは、とてもおおらかで明るく、大胆な傾向の人です。自己肯定感が高く、日々を幸せに生きてきました。そのお母さんがはじめて真剣に悩んだのが、娘との人間関係でした。それまでも、人間関係で難しいと感じることはあっても、持ち前の明るさで乗り越えてきたのです。

ところが、娘との関係はそういうわけにはいきませんでした。娘さんは繊細で、細かいことを気にする子でした。母親が何気なく言う言葉にも過剰に反応するのです。

お母さんはずっと、

「なんでこの子はこうなんだろう?」

と不思議に思っていたそうです。親が大胆な傾向でも、子どももそうだとはかぎりません。「子育て地図」で大切なのは、親自身がどうであれ、子どもがどんな子かをきちんと把握することなのです。

子どもとあなたの「行き先」を決める

現在地がわかったら、次に「行き先」です。あなたの子育てはどこを目指していますか。親であるあなたが、旅の目的地を知らなかったらどうでしょう。出発したのはいいですが、「さて、どこへ行くんだろう?」と考え込むようでは、心許《こころもと》ない旅になってしまいます。

どこへ向かうのかを思い描きましょう。そのためには、二〇歳になったわが子を想像します。二〇歳になったわが子は、どんな日々を生きているでしょう。

まず、そのころの親子関係です。べったりですか、距離を置いて親密ですか。三〇歳を過ぎる息子さんと一緒に暮らすご婦人がいました。出かけようとすると、息子さんが「僕のごはんはどうするの?」と言うので、なかなか家を空けられないとその方はこぼしていました。

私の周りには、距離を置いて非常に親密につきあっている親子がたくさんいます。わが家の親子関係もそうです。娘は、大学入学と同時に、わが家から車で三〇分ほどのところで、一人暮らしを始めました。時々「忙しいんでしょ」と、材料を抱えてごはんをつくりに来てくれます。あなたはどちらを望みますか。

二〇歳になったころの子ども自身の充実感はどうでしょう。働いたり、勉強したりと、自分のしたいこと、やりたいことに向かって進んでいるでしょうか。気をつけてください。子どものしたいことであって、親がやらせたいことではありません。

子どもの人間関係はどうでしょう。友人はいますか。友人たちからは信頼されていますか。

あなたは子どもに、どんな生き方を望むでしょう。このように、二〇歳になった時の子どもを想像してください。それが行き先になります。

と同時に、あなた自身の行き先も思い描いてみてください。子どもが二〇歳になるころ、あなたはどんな生活をしているでしょう。生きがいを感じる何かに取り組んでいますか。

行き先を決める時大切なのは、「何（になる）」を決めることではありません。「どう（あるか）」を決めることです。

私の娘は、小学四年生のころ、「自分は医者になる」と言いだしました。それ以前は、動物のお医者さんが彼女の希望でしたが、突然、医者になると言いだしたのです。親に不服はありません。本人はその夢を高校二年まで持ち続けました。ところが、最終的に進路を決める段階になって、彼女は理系から文系へと受験の方向を切り替えると言いだしたのです。成績に問題があるわけでもなかったので、私は戸惑いました。

でも、私の中ではっきりしていたことがあります。それは、彼女が医者になることを、私の「子育て地図」の目的地の一つにはしていなかったことです。「何」になろうと、彼女が「幸せに生き生きと生きていること」、つまり「どう」生きているかを目的地に描いていたのです。ですから、彼女がきっぱりと「それがいいの」と言った時、私は気持ちよくそれを受け入れることができました。

私たちはよく「何」に縛られてしまいます。しかし、「何」は手に入ることもあれば、手に入らないこともあります。大切なのは「何」を手に入れるプロセスで、「どう」ありたいかです。「どう」が実現していれば、「何」にこだわる必要はないのです。

道に迷ったら人に聞く

世の中には困った人がいます。自分が道に迷っていることに気づかない人と、道に迷っていることに気づいていても、だれにも相談せずに迷い続ける人です。

だれもが未来を期待しながら子育てを始めます。ところが、どうも自分の期待通りにはいかないと感じることがあります。「こんなはずじゃない」と思うことが。その時あなたは、子育てという旅で道に迷っているのかもしれません。

そんな時は、人に道をたずねるのをためらわないことです。「自分の恥をさらすようで嫌だ」とか、「人に教えられるのは嫌いだ」と言っている場合ではありません。

思い出してください、あなたの目的地を。それは子どもの目的地でもあるのです。自分の親、子育ての先輩、相談に乗ってくれる機関、友人などなど。見回してみれば、いろいろな方法があるはずです。それは、だれかを頼ることではなく、自分を正しくコーチしてくれる人を探すことなのです。子育ての主役は親自身です。ところが、親だからといって、子どもを育てる方法をすべて熟知しているわけではありません。よりよい方法を探さなければならない時もあります。そんな時に頼りになるのが、一緒に考えてくれる人たちです。

「ハートフルコミュニケーション」のワークショップ（研究集会）には、いろいろな人が参加します。そこでは、親たちが自分の子育てを話し合い、悩みを語り合い、新しいやり方、子どもを「サポート」する仕方を学びます。その中の一人である山田さんの体験をご紹介しましょう。

山田さんは六歳と四歳の子どもを持つ看護師です。上の女の子は気管支喘息《ぜんそく》。下の子は気管支喘息と食物アレルギー（卵・大豆・牛乳・小麦）を患っていました。下の子は生後二カ月から喘息の本格的な治療が始まり、六カ月からは食餌《しょくじ》療法が始まりました。上の子の喘息の治療と重なり、当時はほとんどまともに寝ていなかったようです。

必ず家で食事をつくらなければならず、仕事を休むことが多くなりました。一人の時間をなかなか持てず、夜中に起こされることも多いため、疲れとイライラが抜けません。そのうえ、食費もかなりかかり、生活が苦しいことで、彼女の毎日はストレスでいっぱいでした。

「ハートフルコミュニケーション」に出合って山田さんが最初にしたことは、子どもたちが自分で起きられるよう行動を起こしたことです。子どもの気持ちを確認し、子どもに目覚まし時計を選ばせ実行したところ、子どもたちは次の日から自分で起きてくるようになりました。それをきっかけに、彼女は子育ての行き詰まりを一つひとつ解消していきます。六歳の長女の母親への執着を解き、父親との関係がより親密になるようにも工夫しました。

そうしてしばらく経《た》ったあと、山田さんは職業人としての自分の夢を叶《かな》えたいと、新しい職場を見つけることにしました。

山田さんは心の中に「子育て地図」を持っていたのです。理想の子育てがあって、その理想通りにいかない時、彼女は自分が道に迷っていることに気づいたのです。そして、もっと楽しい子育てがあるはずだと思いました。そこで、それがどういうやり方かを探したのでした。

事実に出合うこと

私はよく小学校や中学校、幼稚園などのＰＴＡに招かれて講演に伺います。そこでよく耳にするのが、

「本当に聞いてほしい親が来なかった」

というため息交じりの言葉です。先生方が子どもの様子を心配して、なんとかその親に講演を聞きに来てほしいと願ったのに、その親は来なかったというのです。子どもの様子を見れば、親が道に迷っているのは明らかだと、先生は言います。それなのに、親自身が地図を持っていないため、あるいは迷っていることに気づいていないために、なんとかしようと思わないのです。

地図を持っていないことも、道に迷っていることも、恥ずかしいことではありません。私も散々道に迷いながら、現在地にたどり着きました。大切なのは、事実に気づ

くことです。そして、その事実が好きではなかったら、何か行動を起こさなければならないのです。

事実に出合うことは難しいことではありません。事実はいろいろなものに形を変えて、私たちの周りに気づいてもらおうと横たわっています。

子どもの様子に目を向けてみましょう。子どもは基本的に幸せそうですか。子どもの話に耳を傾けてみましょう。助けを求めるような内容はないですか。

自分自身の中にも、気づく必要のあることがいろいろあるでしょう。感性を使ってみてください。あなたはいい感じですか。「うん、これでいい」と思えますか。

また、子どもが鏡になって親に起こっていることを見せてくれることがあります。

私の娘が四歳ぐらいの時でした。私は忙しく、その日も、娘には私の思い通りに動いてもらって、自分の用事を進めたいと励んでいました。ところが、娘が動きません。

「あのね、聞いて！」

と娘に言うことを聞かせようとしますが、彼女はてこでも動きません。ふと気づくと、彼女は右手の人差し指を立てて、その指を振りながら私にたてつきます。「何じゃこれは?」と思いました。「この指は何だ?」と。

その指こそが、私が娘を動かそうと立てていた指で、私は自分の右手人差し指を振り回しながら、娘に言うことを聞かせようとしていたのです。「いけない！」と思い、私はコントロールの象徴であった人差し指を封印しました。

こんな話をしてくれたお母さんもいます。娘さんと会話をしていると、こんなことを言ったそうです。

「何かをしようとすると、お母さんが心の中に現れて、お母さんならなんて言うかをいつも考えてしまう」

二〇歳にもなろうとする娘にしては、あまりにも親に縛られすぎていると感じた母親は、その後、無意識のうちに握っていた自分の手綱を緩めたそうです。

「お互いに、今、とてもいい感じです」

とお母さんは報告してくれました。

事実を教えてくれる材料は、だれの前にも同じように置かれています。その材料を手に取り、「これだな」と受け取るかどうかだけが、気づく人と気づかない人の違いです。そして、気づいた人だけが、その軌道を修正できます。つまり、目的地に向かって、よりよい道を選ぶことができるのです。

「子どもはできる」ことを知る

「子どもに無限の可能性があると思いますか？」

私にそうたずねたのは、横浜市金沢区で産婦人科を開業しておられる池川クリニックの池川明先生です。池川先生は、子どもの胎内記憶をたどるなどの研究を通して、子どもの胎内環境の重要性を伝えておられます。「ハートフルコミュニケーション」の趣旨に賛同してくださり、クリニックで開かれる講座の一つに加えてくださいました。

その先生の質問に、私はしばし考え込みましたが、自分の書いた本『子どもの心のコーチング』（リヨン社）の中に、「子どもには無限の可能性がある」と書いたのを思い出し、「はい」と答えました。

すると先生はこう続けました。

「僕は、だれの可能性も無限ではないと思う。一人ひとりの可能性は有限で、だからこそ、親は子どもの有限の可能性をつぶしちゃいけないんだよね」

「なるほど」と、私は先生の言葉の意味を受け取りました。私たちは、みんながみんなスーパーヒーロー、ヒロインになれるわけじゃない。でも、一人ひとりの一等賞は取れるはずです。無限ではなくても、一人ひとりは可能性を与えられていて、その可能性を邪魔さえしなければ、その子は自分の一等賞を取れるのです。

子どもは「ヘルプ」されることで人生を始めます。未成熟な状態で生まれてくる人間の赤ちゃんには、「ヘルプ」が必要です。「ヘルプ」する親は、子どもが「できない」ことを知っているので、惜しみない「ヘルプ」を与えます。

ところが、その「ヘルプ」が同じように与え続けられると、それは子どもの可能性を制限することになります。子どもの可能性が開花するのを邪魔するのです。なぜなら、子どもは日々「できない」から「できる」へと成長しているからです。「できる」子どもを、「できない」子どもととらえ、「できる」ことをやってあげていたら、子どもは「できる」子どもとしての可能性をつぶされてしまうのです。

子育てとは、子どもの日々の成長を見つめ、「できる」を探し、「できたね」と力づけることではないでしょうか。それが本来のしつけではないでしょうか。

第2章の「愛すること」の節でも述べましたが、もう一度言っておきたいと思います。

「しつけと称して親がやっていることは、主に、子どもがやるべきなのにやっていないことを指摘し、それをやるよう命令することです。または、親がやってほしくないことをやっている時に、それを止め、親のやってほしいことをやらせることです。つまり、親の言うことを聞かせることです。ほとんどの場合は、子どものやっていることを否定することから始まります」

このようにして、私たち親は子どもの可能性をつぶしていくのです。「子育て地図」で、現在地と行き先を確認したら、私たち親が選ぶ道は、「できる」の道です。子どもの仕事は「できる」ことを知ること、親の仕事は子どもの「できる」を確認し、「できたね」と一緒に喜んでやることです。

そのためには、子どもの邪魔をしないことです。極端な言い方をすれば、親は愛する以外の余計なことは何もしないことです。それこそが、子どもへの最高の贈り物になるのです。

「早く起きなさい」の代わりに

「ハートフルコミュニケーション」というと、「朝、子どもが一人で起きること」がその代名詞になっているようです。しかし、「朝、子どもが一人で起きること」は単に、子どもに「責任」を学ばせるというのがどういうことかを、親に理解してもらうための一つの例です。朝、子どもを起こすのは、多くの親が何の気なしにやっている、子どもの生活への余計な手出しの一つだからです。親が親切のつもりでやっているその手出しが、子どもを一人では起きられない子にしてしまっているのです。

「子育て地図」の中では、起きない子どもを起こすことではなく、子どもが起きる枠組みをつくります。ここでも重要なのは、「何」をするかではなく「どう」あるかです。

あるお母さんからこんな質問を受けました。

「息子に、朝、自分で起きるように話してみました。息子は『それは困る』と言うので、どうしたら起きられるのかと聞いてみました。すると、『朝は、お母さんにゆすられて、ゆっくり目を覚ましたい』と言うのです。目覚まし時計は新しいのが欲しいと言うので、買うことにしました。急に『自分で起きなさい』と言うのもどうかと思いまして、できることから始めようと考えています。こうやって徐々にやっていけばいいんですよね？」

子どもが自分で起きるようになるかどうかは、お母さんが「何」を言ったか、「何」をしたかが重要なわけではありません。時計を買ってやったからといって、子どもが自分で起きるようになるわけではないのです。お母さんがそうしようと決めれば、「そう決めた」ということが、子どもに伝わる。それが大切なのです。「起こしてやらないと、あなたは起きられない」というあり方から、「あなたは起きられるから、自分で起きてごらん」というあり方に変わるから、子どもは自分で起きるようになるのです。

親の「どう」あるかが違いをつくります。

林さんというお母さんの話です。一七歳になる娘さんは、大学受験を控え、勉強で忙しい毎日です。林さんがある日遅く帰ると、娘さんが食器を流しに置きっぱなしにしていました。そんなことが何回か続いた時、林さんは娘さんに話しました。

「受験勉強で忙しいのはよくわかるわ。あなたががんばってるのもよく知っている。だからといって、自分が使った食器を洗わなくてもいいというのは気になるわ。家族一人ひとりが、それぞれ忙しさ、大変さを抱えてがんばっているの。『洗うの大変だし、置いておけばお母さんが洗うだろう』というのは違うと思うの」

その後娘さんは、何も言わずに今まで通り、自分の食器をきちんと洗っているそうです。お母さんのこういう態度、あり方が子どもに伝わります。それこそが、子どもにとっての地図の道しるべであって、「自分で起きなさい」「自分で食器を洗いなさい」と言うことで、子どもがそうするわけではありません。

「早く起きなさい」と毎朝起こす代わりに、子どもが自分で起きられる枠組みをつくることが親の役割であると述べました。その枠組みとは、第一に親のあり方です。「どう」あるかの重要性を忘れ、「何」をするか、「何」を言うかにとらわれてしまうと、親は具体的な結果を見ることはありません。

前述の「こうやって徐々にやっていけばいいんですよね?」と言ったお母さんも、近い将来、そのあり方では何も変わらないことに気づいてくださるでしょう。

第5章

その子らしさを育てる子育て

子どもに選ばせる

ある店先での光景です。お母さんと六歳ぐらいの男の子が、どのペンケースを買おうかと話していました。

「どれにする？」

「これ！」

「これ？　これって女の子みたいな色じゃない？」

「女の子？」

「うん、こっちの色のほうが男の子っぽいけど」

「うーん」

「きっと、ほかの男の子たちもこういう色のものを使うと思うよ。これにしておきなさい」

「……」

その子は、自分の欲しいペンケースを買えませんでした。

生きるということは、選択の連続です。どんな仕事に就くか、どんな気持ちで仕事に取り組むか、幸せになるかならないか……。すべては、私たちが選んだ結果です。そして、毎日行っている小さな選択の結果が、私たちの人生の結果となるのです。

「じゃあ、私が今得ている結果は、私が選択したこと？」

と聞く人がいるかもしれませんが、そうです、その通りなのです。

こう反論する人がいるかもしれません。

「私はこんな人生を選んではいない。幸せになろうと思って結婚したのに、相手が自分を大切にしてくれないから、幸せになれない」

「自分ではいい子育てをしようと思ってやっているのに、周りが自分のやり方をわかってくれないから、うまくいかない」

「だから、自分が選択したのではなくて、周りのせいでうまくいかないのだ」

と。そう言いたい気持ちはわかりますが、やはり「あなたの今日は、あなたのこれまでの選択の結果である」としか言いようがありません。その相手を選んだのはだれですか。うまくいかないことを、うまくいかないままに放置していたのはだれですか。

私たちの人生が、私たちの選択の結果であるというのが本当なら、親には大切な仕事があります。子どもに、選ぶということを教えておくことです。そして、たくさんの選択肢があるということも。

選択肢に気づくというのは一つの能力です。小さいころからその力がつくよう訓練された子は、大きくなってからも、人生は選択であること、そして、いろいろな中から選べるということを知っています。

先ほどの店先での会話を、こんなふうに変えたらどうでしょうか。

「どれにする?」

「これ!」

「これ? この色がいいのね。ほかの色も見てみてね」

「これは?」

「あら、これも素敵ね」

「うーん」

「じゃあ、ちょっと持ってみて。どうかしら? どちらかいいと思うほうを選びなさい」

「じゃあ、こっちにする」

「こっちにする」と言って選んだ子は、「自分が選んだ」と思っています。ですから、たとえその結果が気に入らなくても、だれかのせいにはしません。もし、実際に気に入らない結果だったとしたら、次はもっといいものを選ぼうとするでしょう。選択によって学んだからです。それが力になっていくのです。

加藤さんは、二人の子どものお父さんです。小学校低学年の二人の息子は、テレビゲームに夢中です。

「ごはんだよ。もうやめなさい」

と、子どもにテレビゲームをやめさせるのにいつも一苦労しています。そこで加藤さんは、新しい方法を試みました。子どもに選ばせる方法です。まず、テレビゲームを始める時に、お父さんに声をかけてから始めるよう、子どもに約束させました。

「お父さん、テレビゲーム、やってもいい？」

子どもが聞くと、加藤さんはこうたずねます。

「いいよ。何分やる？」

すると、子どもは始める時に宣言した時間がくると、自分からゲームを終了するようになりました。時間を忘れて集中している時は、加藤さんが独り言を言います。

「もう三〇分、経《た》ったよな」

すると子どもは、

「今終わるから」

と自主的にゲームを終了します。子どもに選択させて、自己管理させたよい例です。

子どもの感覚を育てる

人はどのように物事を選択するのでしょう。

「なぜ、それを選んだの?」

と聞かれれば、それなりの答えはできます。そして、その答えは理屈に合ったものです。

「なぜ、その色を選んだの?」

「この色は、食欲を刺激する色だから」

「なぜ、そのデザートにしたの?」

「脂っこいもののあとには、さっぱりとしたミントの香りが……」

と、それなりの理屈に合った答えを持っています。では、その理屈はどこからくるのかといえば、最終的には一人ひとりの感覚です。それは、好き、嫌い、うれしい、楽しい、という自分の中にある経験的に学んだ感覚です。

前田さんは独身貴族です。弁護士事務所で秘書的な仕事をこなし、若手の弁護士たちに交じって調査の仕事も手伝っています。時間に関係なくバリバリと働き、給料もたくさんもらっている、と自信を持って語ります。

彼女の悩みは、結婚に踏みきれないことでした。はっきりと「この人が好き」と思えないというのです。自分がどう思っているのかに自信がないそうなのです。

「一度も恋愛したことはないの?」

と聞くと、

「そうでもないけど、『結婚しよう』って言われても、その人と一緒になっていいかどうかわからなくて」

と答えます。

「お父さんとお母さんは、どんな関係だった?」

と聞くと、至って仲良しで、よくかわいがってくれたとのこと。そして、彼女は興味深いことを語ってくれました。

ご両親はとてもいい人で、世話好き。彼女のことをとても愛してくれて、幸せな子ども時代を過ごしました。世話好きな両親はいつも彼女をかまい、いろいろな場面で彼女がどれを選ぼうかと迷った時は、いつも親が選んでくれました。一度、両親が選んだことに彼女が反発した時、両親はひどく悲しみ、それ以来、彼女は親の選択に逆らうのはいけないことだと思ってきたそうです。

「変だと思うかもしれないけど、私、親元を離れるまで、下着一枚選んだことがないの」

自分の感覚に従って、自分は「○○が好き」「△△は嫌い」と意思表示し、自分で選ぶ訓練ができていなかったのでしょうか。

そういうことはありませんか。子どもがどう感じるかということさえ、親が制限しているようなことが。

子どものいいところを探す

子どものやっていることが理解できずに、子どもを責める時、私たち親はよくこう言います。

「私の子どものころは、そんなことしなかったわよ」

言葉に出してこうは言わなくても、内心そう思うことがあるのではないでしょうか。

この言葉に隠されているのは、

「私に理解できないことをしているあなたは変だ。その行為は間違いだ」

という考え方です。

親と子は、違う人間です。別の人間であり、経験も、知識も、すべてが違います。

しかし、親はその違いを「間違い」ととらえます。

「自分に理解できない、自分と違うことをやっている子どもは、間違っている」

と。そして、子どもを責めます。間違いは責められるべきと考えているからです。

何でも段取りよく片づけられる親は、支度が遅くてぐずぐずしている子に、

「何やってるの。早くしなさい！」

と声を荒らげます。その子が「遅い子」であることが、「間違っている」という見方です。でも「遅い」のは「間違い」でしょうか。

じっくりと物事に取り組める親は、動きの多い、落ち着きのない子を、

「じっとしていなさい、ガタガタとうるさいんだから！」

と叱《しか》ります。でも、「落ち着きのない」のは「間違い」でしょうか。

違いは違いです。違いは「間違い」ではありません。「違いは、間違いだ」というのはとても狭いとらえ方です。人はみんな違います。違っていて当然です。ですから、

「なぜあの人は？」

と思うようなことを人はするのです。その違いを「間違い」であると相手を責める行為こそが、間違いです。

親の仕事は、子どもの間違いを直すことではなく、子どものいいところを指摘し、

「これがあなたのいいところだよ」

と教えてやることです。

これが第2章でお伝えした「しつけに気をつけて」というメッセージです。親は子どもの間違いを直す行為を「しつけ」ととらえて、せっせと直す行為に励みますが、それは子どもの間違い（と親が思っていること）を強調するだけで、あまり教育的効果はありません。しつけと称して「間違いだ」と日々言われ続けることで、子どもは「自分の存在自体が間違いだ」と思い込み、そんなふうに思い込ませた親に心の距離を置こうとします。

「愛すること」を教え、自己肯定感を子どもの中に育てるためには、子どもに「これが君のいいところだよ」と伝えることです。

私の娘は、中学一年のころ、新しい学校への不適応を起こした時期がありました。毎日つらそうに登校する娘を見るのは、親としてもつらいものでした。クラスに何人か、娘につらい言葉を投げかける子がいました。

「今日もあの子にこう言われた」

と、帰った娘は報告します。私はついつい、

「そうなの。嫌な子ね、その子」

と娘をかばうつもりで言うのですが、娘は必ずこう言いました。

「でもね、お母さん。あの子も本当はいい子だと思うの」

娘は人の悪口を言いません。自分をいじめる相手のことさえ、本当はいい子で、今はわかり合えないだけだと言うのです。

私にはない面です。私なら、「いじめるんなら、いじめ返してやる」ぐらいに思います。でも、それを娘に押しつけたらどうでしょう。「あなたもそんなお人好《よ》しなこと言ってないで、言い返してやりなさいよ」と言ったら。娘は、親に理解されないと感じるだけでなく、言い返さない自分をふがいないと感じたかもしれません。

「お母さんは、そこがすごいと思うの。意地悪なことを言われても、あなたはその子を悪く言わないじゃない」

「うん、あの子もね……」

と私たちの会話は続きました。

その時の会話が彼女を癒《いや》したのでしょう。それは何物にも代えがたい心の栄養補給だったのです。

子どもの夢を育てる

一三歳の少年が、

「プロ野球の選手になりたい」

と親に話すと、親は、

「もっと現実的に、地についた道を選びなさい」

と言ったという話を聞きました。一三歳にもなっているのだから、もっと地道に生きることを考えてもいいはずだと思ったのでしょう。

私たちは、何歳まで夢を見てもいいのでしょうか。少年が四歳なら、親は、「プロ野球の選手になれるといいね」と、子どもの夢を喜んだでしょう。あなたならどうしますか。中学生になったわが子が「プロ野球の選手になりたい」「お姫様になりたい」と言ったら……。

まず、子どもの夢の世界を受け止めることをおすすめします。子どもは大人とは違う世界を生きています。大人にとって夢といえば、もっと現実的な目標に近いものでしょう。ところが子どもの夢は、本当の夢であるような気がします。ヒーロー、ヒロインになった子どもたちは、その世界ですべてを可能にします。それはとても生き生きとした感性の世界です。

その中で子どもは、スーパーマンになるためにはどんな能力が必要だろう、とは考えません。スーパーマンになった瞬間に、子どもは空を飛んでいます。お姫様になるには、親が貧しすぎるなどとも思いません。お姫様を夢見た瞬間、子どもはお城に住むお姫様なのです。

この想像力は、子どもに許された特権のようなものです。だれにも邪魔されず、自分の思いのままを描き、実際にそれを体感さえするのです。創造の世界をさまよう時間は、健全な人間に育つうえで、非常に重要な「時」ではないかと思います。その子に合った子どもの「時」、四歳の、五歳の……そして一三歳の「時」を生きるのは、とても大切なことだと思います。それを親に、

「バカなこと言ってないで」

などとやられたら、子どもは子どもの世界に住むことを否定されます。

今の時代は、子どもにあまりにも早く大人になることを求めます。子どもがゆっくりと感性を育て、自分を確立させていく時間を与えません。もちろん、この時代の中で親は子育てをするわけですから、世の中や時代から外れて生きるわけにはいきません。だからこそ、せめて親が、子どもの成長にともなった夢を「サポート」してやることが大事なのではないかと思うのです。

親に読んでもらった物語に刺激を受け、冒険の世界に出ていた子どもが、自分で本を読むようになると、主人公と一緒になって独自の旅に出ます。荒野を旅し、魔物と戦い、困難を乗り越えます。

ところが親は恐れます。

「こんなバカなことばかり考えていて、この子の将来は大丈夫かしら」
「こんな非現実的なことばかり言っていて、この子は将来どうなるのかしら」
「この子のやっていることは、将来どんな役に立つのだろう」

子どもは段階を経ながら成長します。親が教えなくても、いずれ子どもは、自分が空を飛べないことを知ります。野球選手になるには、才能と、だれよりも厳しい練習が求められることを知ります。

親の仕事は、子どもがその段階に達する前に、いかにそれが無理かを教えることではありません。子どもが自力でそれを見つけられるまで、待つことです。

第6章

その子らしさを育てるコミュニケーション

子どもの言葉をそのまま受け取ってはいけない

「僕、算数は捨てる」

と、わが子が言ったとしたら、あなたはどうしますか?

実際にこう宣言されたお母さんがいました。そのお母さんは、普段から子どもにしっかりとした学習の習慣をつけさせたいと願っていました。小学校低学年のころはなんとかなっていましたが、高学年になるにつれて、その子は算数に行き詰まります。

そしてある時、お母さんとの会話の中で、

「僕、算数は捨てる」

と言ったのです。

こういう時、親はあわてます。本人はやりたくないと言っています。でも、やりたくないと言っているからといって、

「そうなの」

と言うわけにはいきません。とはいえ、嫌だと言うものを無理にやらせようとしても、子どもはやらないでしょう。何より、どう説得すればいいのかわかりません。親として行き詰まるケースです。

そんな時は、まず子どもの言葉をそのまま受け取らないことです。子どもの言葉を真《ま》に受けてしまうと、親はそれをなんとかしなければならないと思ってしまいます。子どもは（大人も同じですが）、自分の心の中に何があるのか、そのすべてがわかっているわけではありません。でも、心がモヤモヤして、なんとかそれをすっきりさせたいので、その思いを簡単に表現します。それが、「僕、算数は捨てる」になってしまうのです。

「僕、算数は捨てる」という言葉を真に受けると、こんな会話になるのではないでしょうか。

「何言ってるの！　これから中学へ行って、高校受験だってあるのよ」

「僕、高校行かないもん。中学も行かない」

「そんなわけにはいかないでしょ！　将来どうするの？」

これでは、子どもの問題は解決しません。それどころか、せっかく、「僕、算数は捨てる」と、モヤモヤを吐き出した子どもの中に、より大きなモヤモヤをつくる結果になりかねません。子どもが言った内容が何であれ、まずは子どもを受け止めましょう。そして、子どもの問題解決に乗り出すのではなく、「聴く」ことにします。

子どもが小さいころは、親は子どもの問題解決を「ヘルプ」しました。ところが、子どもが小学生ともなると、それは好ましくありません。子ども自身が自分の問題を解決するのを「サポート」することが親の役割です。

「サポート」とは、子どもが本当にやりたいことに向けて、ともに考え、前進することです。そのためには、言葉になっている表面的なことを信じないことです。それを言わせたものが何なのか、その思いを感じ取ってやることです。

実は、子どもの思いを感じ取ろうとする親の態度が、子どもの問題解決の大きな一歩となるのです。

例えば、こんなふうに対応してみてはどうでしょうか。

「僕、算数は捨てる」

「算数を捨てる？」（子どもの気持ちを理解したいという思いで、ゆったりと繰り返す）

「うん、もうやりたくない」

「やりたくないんだ」

「うん」

「そうか。ずいぶん嫌なんだね。聞かせて。算数の何が嫌になったの？」

こんな具合に、まず子どもが話せるような雰囲気をつくります。子どもが話してくれさえすれば、問題解決の糸口が見えてくるでしょう。

親が、子どもの話を聴きたいと思っていることが子どもに伝われば、子どもは話します。

「そんなことくらいで、くよくよしないで。しっかりしなさいよ」

などという言葉で励まさずに、ただ聴いてください。

子どもの心に耳を傾ける

子どもが話し始めたら、否定する言葉、反対する言葉、励ます言葉を使わないように気をつけて、子どもの言うこと、つまり子どもの心に耳を傾けてください。

気をつけたいのは、例えばこんな言葉です。

「そんなこと言っているから、だめなのよ」

「でもね……」

「そんなこと言わないで……」

「がんばってよ」

「しっかりしてよ」

子どもの心に耳を傾けるというのは、子どもの気持ちを察することです。共感することです。

大人の私たちでさえ、自分の気持ちをうまく言葉にして表現できない時があります。気持ちというのはそういうものです。自分でさえ何を考えているのか、感じているのか、よくわかりません。そんな時、ただ話すのを促され、ぽつぽつ話しているうちに、

「自分はこんなことを感じているんだな」

「こんなことを考えているんだな」

と自分で発見するものです。心の中が整理されていくのです。

時には、ただ話しているだけでモヤモヤが晴れることがあります。親に話を聞いてもらった安心感で心が安定するのです。一時的な気分の落ち込みなら、聞いてもらうのがいちばんの薬です。

薬になる「聴き方」をご紹介しましょう。

「僕、算数は捨てる」

「算数を捨てる?」（子どもの気持ちを理解したいという思いで、ゆったりと繰り返す）

「うん、もうやりたくない」

「やりたくないんだ」（繰り返す）

「うん」

「そうか。ずいぶん嫌になっちゃったんだね」（相手の気持ちを察する）
「もう、やらなくていいでしょ？」
「聞かせて。算数の何が嫌になったの？」（掘り下げて聴く）
「だって、わからないんだもん」
「わからないんだ。今日は何がわからなかったの？」（具体的に聴く）
「わからない」
「何がわからないかも、よくわからないっていうこと？」
「うん。だって『算数』って聞くだけで、目の前がくらくらするんだ」
「そうか、くらくらするんだ。そういうこと、あるよね」（共感）
……中略（会話の終わりの言葉を繰り返しながら、子どもの苦労に耳を傾ける）
「ねえ、やらなくていいでしょ？」
「そうねえ」

会話のポイントは、次の点です。
・相手の気持ちを理解したいと思う。

・子どもの言葉を繰り返す。
・気持ちを察する。
・共感する。
・質問によって掘り下げ、具体的に聴く。

ただし、掘り下げや問題を具体化させるための質問は、追及されていると感じさせないよう、ゆったりとした態度で接するよう気をつけてください。内心イライラしながら、言葉だけでこれらのことをやってもうまくいきません。子どもに伝わるのは心のイライラです。

「なんとかしよう」と思わずに、ゆったりとかまえることです。

子どもの言葉を勝手に結論づけない

話を聴き始めても、なかなか親が安心するような成り行きにならないと、つい気短になりがちです。すると、子どもを追い詰めるような質問をしたり、親のほうが勝手に話を結論づけてしまい、話が続かなくなります。


「なんで、最初にわからなかった時に質問しなかったの？」

「だって先生が……」

「先生がどうしたの？」

「わからない人は、あとで来てくださいって」

「行ったの？」

「行ったけど……」

「行ったけど、どうしたの？」

「……」

「だからどうしたの。結局、あなたは勉強したくないだけでしょ」

これでは、せっかく話を聴いても、その努力が台無しです。いつどんなことが起こって、それがどう気持ちの中で変化したのか。その結果、今どのようなことを感じているのか。心の中で何が起こっているのか。そんなことを筋道立てて話すのは、大人でも難しいことです。だからこそ子どもは、そのモヤモヤを整理するために、親に問題を投げかけるのです。それを整理してから話そうとすれば、時間がかかって結局、話せなくなります。

子どもの言うことが理解できないからといって、「なんで?」「どうしたの?」と追い詰めるような質問をすると、子どもは黙ってしまいます。答えられないのです。

さらに追い討ちをかけるように、答えられない子どもに、イライラしながら親なりの結論を言ってしまっては、会話をした意味がなくなってしまいます。

子どもの問題について、その結論を持っているのは、子ども自身です。親の役割はその結論を探す手伝いをすることだけです。親の都合で、話を早く終えようとしないでください。勝手に結論づけて、親の安心を手に入れようとしないでください。

その子らしさを育てる魔法の言葉1

ただ聴いているだけでも、会話が進むにつれて、子どもが自然に気分を好転させることがあります。話を聴いてもらってすっきりするのです。ところが、問題が複雑だったり、子どもの年齢が高かったりすると、そう簡単にはいきません。

なんとか子どもの気分を好転させたい、直面している問題をプラスの観点から見てほしいと願っているのにそうならないと、親のほうが無力感に包まれてしまいます。

そこで、そんな時に使えるいくつかの「魔法の言葉」を紹介します。これは視点を変えるうえでとても有効です。

ただし、これらの言葉を使う時は、十分時間をかけて、子どもの心に近づいていることが必要です。親と親密に会話しているという実感が子どもにない時は、この魔法は使えません。「親は真剣に自分のことを考えてくれている」という安心感をまずつくり出してください。

「おもちゃを貸さないから、意地悪だって言われたの」

「あなたは自分のおもちゃを大切に使いたいのよ。おばあちゃんにもらったんだもんね」

「私はわがままだから、だめなの」

「それはあなたが自分の意見を持っているからよ」

「僕は気が弱いから、いざという時、だめなんだ」

「それは、おまえに繊細さと注意深さがあるということだよ。だから、ここまでやってこられたんだよ」

人の強み、弱みというのは、コインの裏表のようなものです。「やさしい」という強みは、裏から見れば「優柔不断さ」という弱みとなって現れるでしょう。「頑固」

という弱みは、裏から見れば「信念がある」という強みとなって現れます。

否定的な気分でいる時は、自分の中に弱さを探してしまうものです。子どもが自分を否定的にとらえている時は、そのままでは、話を肯定的なほうへ進めることはできません。親が別の角度から見ることで、子どもが視点を変えられるよう援助することができます。これを「リフレーミング」といいます。

リフレーミングは大人にも使えます。例えば、何かに失敗した人が、

「自分の決断力のなさが嫌になっちゃった」

と落ち込んでいたら、

「あら、そのあなたの慎重さに、いつも私たちは助けられているのよ」

という具合にです。

こうした言葉は、突然「言え」と言われても、すぐに出てくるものではありません。

そこで、少しレッスンをしてみましょう。子どもの欠点と思われることを、なるべくたくさん書き出してみてください。そしてその一つひとつをリフレーミングしてみてください。例をあげると、次のようになります。

言うことを聞かない　↓　自分を持っている
気が弱い　↓　やさしい
おとなしすぎる　↓　落ち着いている
頑固　↓　信念がある
「私は、私は」とうるさい　↓　主体性がある
うそをつく　↓　自己防衛がうまい

同時に、親であるあなた自身の欠点もリフレーミングしてみてください。

弱みばかりの人間はいないように、強みだけの人間もいません。どちら側に焦点を合わせて見ているかというだけの違いなのです。親としては、常に子どもをプラスにリフレーミングできるよう心がけたいものです。

その子らしさを育てる魔法の言葉2

どんなにリフレーミングをしても、子どもの気分がなかなかプラスのほうに動かない時は、こんな方法もあります。前述の例で説明しましょう。

「僕、算数は捨てる」

「算数を捨てる？」（子どもの気持ちを理解したいという思いで、ゆったりと繰り返す）

「うん、もうやりたくない」

「やりたくないんだ」（繰り返す）

「うん」

「そうか。ずいぶん嫌になっちゃったんだね」（相手の気持ちを察する）

「もうやらなくていいでしょ？」

「聞かせて。算数の何が嫌になったの？」（掘り下げて聴く）

「だって、わからないんだもん」
「わからないんだ。今日は何がわからなかったの？」（具体的に聴く）
「わからない」
「何がわからないかも、よくわからないっていうこと？」
「うん。だって『算数』って聞くだけで、目の前がくらくらするんだ」
「そうか、くらくらするんだ。そういうこと、あるよね」（共感）
……中略（会話の終わりの言葉を繰り返しながら、子どもの苦労に耳を傾ける）
「ねえ、やらなくていいでしょ？」
「そうねえ」
「僕は計算が遅くてだめなんだ」
「それは、あなたのペースでじっくり取り組むからよ。とてもいいことだわ」（リフレーミングする）
「うん」
……中略
「もし、そんなに苦しまなくても、ほかの教科と同じくらいわかったとしたら、算数は捨てずにやっていたほうがいいと思う?」

「そりゃあ、ほかと同じくらいわかれば、やったほうがいいけど」

「どうしたら、ほかの教科と同じくらいわかるか、見つけてみない? きっとコツがあると思うの」

「そんな方法、あるのかな?」

「探してみようよ」

子どもは今、「算数がわからない」という地点にいます。それで苦しんでいるため、絶望的になり、「算数は捨てる」ということになるのです。それを一気に、「もし、そんなに苦しまなくても、ほかの教科と同じくらいわかったとしたら……」と「わかるところ」へ連れていきます。その位置から、「算数は捨てずにやっていたほうがいいかどうか」を見させるのです。

この場合、子どもはよく、

「そんなこと、できるわけないじゃない!」

と見ることを拒みます。そんな時も辛抱強く、

「ね、そう思ってみて。もしわかるとしたら……」

と、あくまで「わかる」というところに立たせてみてください。その体験さえできれば、子どもは必ず、

「そりゃあ、ほかと同じくらいわかれば、やったほうがいいけど」

と言います。あとは、子どもと一緒にその方法を見つけることです。

感情をコントロールする

頭でわかっていても、感情が先に立ち、

「そんなことばかり言っているから、あなたはだめなのよ。いいかげんにしなさい」

と言ってしまうことはありませんか。気をつけてはいても、イライラがつい、声や言葉になって出てしまうことが、私にもあります。そしてあとで、

「言うべきではなかった」

と自己嫌悪に陥ります。

子どもとのコミュニケーションを学ぶ場でよく聞くのは、感情のコントロールの難しさです。学んでいるやり方がいいのはよくわかるし、できた時は確かにうまくいく。問題は、カッとなってそのやり方ができない時だというのです。気持ちに余裕のない時は、子どもの話をゆっくり聞こうとする前に、荒い言葉で子どもを突き放してしま

います。その一時の感情さえうまくコントロールできれば、もっと楽に子どもと接することができるはずです。

そこで、私たちが悩まされる感情について考えてみましょう。

あなたに一八歳の娘がいるとします。娘の門限は午後一〇時です。普段から娘は、門限をきちんと守ります。ところがある夜、その娘が一〇時を過ぎても帰りません。携帯電話に電話しても、留守録音になっています。一〇時一五分を過ぎても、連絡がありません。あなたは何を感じますか。

一〇時半。夫が、「駅まで見に行ってみるか」と言います。もう一度携帯電話に電話して、メッセージを残します。あなたは何を感じていますか。

まもなく一一時。何の連絡もないまま、一時間が過ぎました。あなたは何を感じていますか。

一一時一五分。あなたの中で、緊張が高まってきます。

「どうしたんだろう？　何をしているんだろう？　何かあったのだろうか？」

あなたは考えます。

その時、玄関のドアが開いて、娘が帰ってきました。

「ごめんね。友だちがどうしてもって、大変だったのよ」

この瞬間、あなたは何と言いますか。

ワークショップ（研究集会）でこの問答をすると、参加者の八割以上の人たちが、

「感情をあらわにして怒ってしまう」と言います。私もきっとそうでしょう。

「いったい、今何時だと思っているの！」

「電話ぐらいしなさいよ！」

「こんな時間まで何やっていたの！」

あるお父さんは、「きっとその場でぶん殴る」とまで言いました。

さて、私たちの感情はどうなっているのでしょう。娘の顔を見るまで、私たちは何を感じていましたか。それは「心配」です。この状況では、多くの親が心配するのではないでしょうか。胸が張り裂けそうなくらい心配します。そして、娘が無事に帰ってきた、その瞬間はどうでしょう。心配が安心に変わり、そんな心配をさせながらケロッとしている娘に対する「怒り」に変わります。そして私たちは叫びます。

「いったい、こんな時間まで何やっていたの！」

親が最初に感じていた第一次感情は「心配」、そしてその次に感じた第二次感情は

「怒り」です。

この場面で親が望むのは何でしょう。怒りを爆発させることでしょうか。それとも、娘が反省して、より適切に行動することでしょうか。本来、親が求めるのは後者です。とすれば、娘に適切な行動を望む時、第二次感情の「怒り」は役に立つでしょうか。

「遅かったわね。何かあったのかと心配したわ」

と第一次感情で始めることで、娘も素直に自分の行動を改めてくれる可能性が高まります。

不思議なもので、第一次感情と第二次感情があるということを知っただけで、親たちは怒りに駆られる前に、第一次感情を探すようになります。その間《ま》がクッションになって、子どもとの間に無駄な軋轢《あつれき》が生じることを防いでくれます。

このことを学んだお母さんの感想です。

「怒りなどの第二次感情の前に第一次感情があるということを知ったおかげで、帰宅後にすぐ結果が出ました。いつもなら「何やっているの！」などと、半ば口癖になっていた言葉も、その前にある第一次感情を探す余裕が生まれ、娘が『おこりんぼ母さんじゃなくなった！』と言ったのです」

「私メッセージ」の力

ここでは、「私メッセージ」というものについて、もう一度門限破りの娘の例を使って説明しましょう。

第一次感情で、親が、

「心配したわ」

と言うと、娘も素直に、

「ごめんなさい。途中で電話しようと思ったんだけど」

と自分の状況を話してくれるでしょう。

この時の第一次感情と第二次感情の表現法の違いを見てみましょう。第一次感情の「心配したわ」は、主語が「私」です。つまり、「私は心配したわ」となります。これを「私メッセージ」といいます。その状況で自分が何を感じたかを、「私は……」という表現で伝える言葉です。「私メッセージ」は、親が自分のことを話しているので、子どもは自分が非難されているとか、攻撃されているとは感じません。ただ、親にそんな思いをさせたことを自己反省し、元気がなくなるかもしれませんが……。

一方、第二次感情はどうでしょう。こちらは、

「いったい、こんな時間まで何やっていたの！」

と主語は「あなた」です。つまり、「あなたはこんな時間まで何をしていたの！」となります。

「あなたメッセージ」はこの場合、相手を責める言葉です。どんなに自分が悪いと思っていても、「あなたは……」と責められては、素直に反省できないというのが人情で、だれでも同じでしょう。

最近の私の体験をお話ししましょう。

一人暮らしを始めた娘が、夏休みに頻繁にわが家に帰ってきました。私が忙しくしているそばで、ソファーに寝転がってテレビを見ています。時計とにらめっこしながら仕事を片づけ、犬の散歩、夕飯の支度と忙しく立ち働いていると、私は、親がこんなに忙しくしているのに、なぜ娘は手伝おうとしないのだろうと悲しくなってきます。

口を開こうとすると、

「ごろごろしてないで、ちょっとは手伝ったらどうなの！」

と「あなたメッセージ」で娘を責めようとしている自分に気づきます。

そこで、一～二秒の間を置き、

「お母さんは、この仕事を今夜中に仕上げなきゃいけないの。犬の散歩に行ってくれたら助かるんだけど」

と「私メッセージ」で伝えました。すると、

「いいわよ、行ってくる」

となんとも簡単に立ち上がってくれました。

子どもに対する日常のメッセージを振り返ってみてください。

「早くしなさい」

「きちんとしなさい」

「手を洗うのよ」

これらの命令言葉は、すべて「あなたメッセージ」です。

「あなたは、早くしなさい」

「あなたは、きちんとしなさい」

「あなたは、手を洗いなさい」

となります。このように、親の一日は子どもに対する「あなたメッセージ」であふれています。子どもは、なんだか一日中責め立てられている感じですね。

これを「私メッセージ」でやるとどうなるでしょうか。娘が幼いころの朝の支度などは、子どもに、

「早くしなさい」

という代わりに、自分が、

「ああ、早くしなきゃ」

と言いながら動き始めていました。すると、娘もついてきたものです。

「ほめる」のはあぶない

「ほめられるとうれしいですか？」

と聞かれたら、あなたは何と答えますか。この質問に、

「必ずしもうれしくない」

と答える人が案外多いのをご存じでしょうか。

「相手による」

「何をほめられたかによる」

「軽く扱われたようで嫌だ」

と答える人も多いようです。実際、ほめるという行為は、目上の人が目下の人に対してする行為です。先生が生徒をほめる、上司が部下をほめる、親が子どもをほめるという具合にです。親が子どもをほめるのだからいいように思いますが、ほめること

には、私たちが思うほどの力はありません。ほめることより、もっと力のあるコミュニケーションをご紹介します。

第2章で「人の役に立つ喜び」を教えることをお伝えしました。子どもが親のお手伝いをして役に立ってくれた時、

「えらいね」

「いい子だね」

とほめるより、

「ありがとう」

「うれしい」

と親の気持ちを伝えましょうと述べました。それは、心を分かち合うということです。「えらいね」「いい子だね」と親の評価を与えている時は、子どもも悪い気はしませんが、親の本当の気持ちは伝わってはいません。親がプラスの評価をしてくれたということはわかりますが、親の心を身近に感じることはないのです。

一方、親が心を込めて、

「ありがとう」

「お母さん、うれしいわ」

「お父さん、助かったよ」

と言ったらどうでしょう。それらの言葉は、子どもにその子の行為が親に与えた影響を確実に伝えられます。つまり子どもは、自分の行為の結果について人がどう感じるかを学ぶことができるのです。

このように、親がどう感じたかを子どもと分かち合う子育てを、私は、「子どもを親の心のそばに置いておく子育て」だととらえています。

ほめられる体験をたくさんした子は、どうすれば自分がほめられるかは知っていますが、自分の行動が人にどのような感情を起こすかは学びません。ほめられようとする子の視点は自分に向いています。そして、ほめられるために行動を起こします。つまり、同じ第2章「人の役に立つ喜び」の節で紹介した「奪う」状態です。

「ありがとう」「うれしい」という親の気持ちのそばで育った子どもは、良いことでも悪いことでも、自分の行動が周りにどのような影響を与えるかを想像できるようになります。

今、世の中では、

「なぜ子どもが？」

と思うような悲惨な事件が起きています。しかもそれらの幼い加害者には、自分が大変なことをしてしまったという認識が十分でないと聞きます。子どもが心というものの存在を認識していない結果でしょうか。

赤ちゃんの時から愛され、十分にかまわれて、親の心のそばで育った子どもたちは、成長してからも親の心のそばで生きていきます。それは、子どもを犯罪などの不適切な行動から遠ざける決め手となるのです。

「こんなことをしたら、お母さんが悲しむ」

「これは、お父さんをがっかりさせる」

と子どもは自分を抑制することができるのです。ほめ言葉より親の気持ちを伝えましょう。叱《しか》る時も同じです。「おまえは……」と叱るより、

「お母さんは悲しい」

「お父さんは恥ずかしかった」

と伝えたほうが、子どもは自分の行動の結果を周りがどう感じるかを認識することができるのです。

親がモデルになれば、子どもは自然に学ぶ

子どもの生き方に最も強い影響を与えるのは、親の生き方です。子どもは親からどう生きるかを学びます。それは、親が日々何を言っているかではなく、日々何をやっているか、どう生きているかです。

子どもは、親が言うようにはやりません。親がやっているようにやるのです。第2章で、「親の都合が優先されるしつけはマイナス効果」で、そんなしつけならしないほうがいいと言いました。では、どうやって子どもに日々のことを教えたらいいのでしょう。いちばんいいやり方は、親がやることです。

「手を洗いなさい」と言う代わりに、「手を洗いましょう」と親が手を洗う。
「靴をそろえなさい」と言う代わりに、「靴をそろえましょう」と親が靴をそろえる。
「勉強しなさい」と言うのではなく、親が学んでいる姿を見せる。

「言いたいことをはっきり言いなさい」ではなく、親が思ったことを率直に伝える言葉を持つ。

そして、親がやっている通りに子どもがやらない時も、親は自分のやるべきことをやり、子どもがやるようになるのを待つことです。いずれ、子どもは親をモデルとしてやり方を学びます。

何年も前のことです。私が「ハートフルコミュニケーション」のメッセージを伝え始めたころのこと、当時八〇歳に近い、四人の子どもを育て上げたある女性と話をしていました。私の取り組みについて話すと、彼女は、

「それはいいことね」

と私を励ましてくれました。そして教えてくれたのです。

彼女は言いました。

「子育てのいちばんの秘訣《ひけつ》はね、放《ほう》っておくことよ」

子どもを四人も育てた大先輩です。その言葉には重みがあります。そして、続けてこう言いました。

「何も心配することはないの。子どもは親のことをよく見ているから。なんだかん

だ言わなくても、結局、親がやっているようにやるのよ。うちもそうでしたよ。一人ひとり性格は違うけど、結局、私や夫がやるようにやっているわ。だから、子どもは放っておいて、親は自分のことをやったほうがいいのよ。そして、子どもに真似《まね》されてもいいように生きることね」

●著者紹介●

菅原裕子（すがはら・ゆうこ）

1952年三重県生まれ。有限会社ワイズコミュニケーション代表取締役。社員一人ひとりの能力を開発することで、組織の変化対応力を高めるコンサルティングを行う。仕事の現場で学んだ「育成」に関する考えを子育てに応用し、「ハートフルコミュニケーション」を開発。全国のPTA、地方自治体、地元の有志主催による講演会で「ハートフルコミュニケーション」を紹介。また、それぞれの生活の中で「ハートフルコミュニケーション」を伝えられる「ハートフルコーチ」を養成。日本中の親たちの子育てや自己実現を援助する活動を展開中。

著書に『聞く技術・伝える技術』（オーエス出版社）、『コーチングの技術』（講談社現代新書）、『子どもの心のコーチング』（リヨン社）がある。

ワイズコミュニケーションのホームページ
http://www.ys-comm.co.jp

お母さん「早く早く!」と言わないで
子どもの「できる」を引き出す育て方

2005年2月17日　第1版第1刷発行
2006年9月1日　第1版第14刷発行

著　者　菅原裕子
発行者　江口克彦
発行所　PHP研究所
京都本部
〒601-8411 京都市南区西九条北ノ内町11
［内容のお問い合わせは］教育出版部 ☎075-681-8732
［購入のお問い合わせは］普及グループ ☎075-681-8818
制作協力　PHPエディターズ・グループ
印刷所　図書印刷株式会社

ISBN4-569-63948-8